宇宙からの応援で ツインレイと 幸せになる方法

How to Find Happiness with Twin Ray Through Support from the Universe

メイとナツキ

Mei and Natsuki

KADOKAWA

ツインレイと出会うと
運命が大きく動き始めたことを
感じることでしょう

揺さぶられ
戸惑い、そして
今までの自分では
いられなくなるという葛藤

ツインレイに出会った衝撃を
あなたが感じているなら
それはツインレイプロセスの第一歩

これから信じられないような
素晴らしい奇跡が
次から次へと起こるはず

あなたがこの本を手にしたのも
宇宙の采配
これからツインレイと幸せになる
準備ができた合図

まだ出会っていない方も
すでに出会っている方も
ツインレイと
心から幸せになる世界の扉を
開いていきましょう

はじめに

ツインレイとの幸せな未来が見えていますか？

「ツインレイに出会ってしまいました」

最近、私たちのイベントやセミナーなどに参加してくださる方のなかに、こんなふうにおっしゃる方がすごく増えています。


ツインレイ同士である私たちが「メイとナツキ」として発信を始めたのは、2015年のこと。その頃はツインレイやソウルメイトという言葉は今ほど知られておらず、「魂の片割れに出会った」なんていう人は本当に稀でした。

だからこそ、私たちと同じような境遇の人に届けられますようにとブログを立ち上げたわけですが、その頃私たちのように当事者が二人そろって活動するツインレイカップルはいないに等しかったと記憶しています。

でも今やツインレイを発信する人も続々と増えていて、SNSでは「ツインレイ」がトレンドワードのランキング入りを果たしたり、ハッシュタグ検索をすれば膨大な量の投稿が流れたりしてきます。それくらい地球上における集合的無意識が変わってきているんだなと感じます。

2023年に1冊目の拙著『運命の人は必ずいる　ツインレイとの出逢い方』（KADOKAWA）を出版したあと、私たちもびっくりするほどたくさんの反響をいただきました。

前述したとおり、その後いつのまにか世の中にツインレイに関する情報が満ちあふれていくのを目の当たりにし、やはり前回の本を書かせていただいたのには宇宙のタイミングというか必然性があって、見えない世界の広報役として大きな力にあと押しされていたのだなと確信しました。

ですが、「ツインレイに出会えました！」という喜びのお声をいただくと同時に、お悩みを相談してくださる方が増えたのも事実です。

ツインレイと出会ったあなたに、わき起こる疑問がありますよね。

「私の出会った人は本当にツインレイなの？」

メイがナツキをツインレイだと気がついた時、本当にツインレイかどうか迷いました。ツインレイだと感じる感覚は自分の中にしかなく、単なる思い込みや勘違いかもしれないという思いもあり、自分で自分を信じられない気持ちでいました。誰かに証明してほしいと思ったけれど、ツインレイは自分にしかわからないし……。ツインレイかどうであるか考えれば考えるほど、気持ちは焦り、進展しない関係性にぐるぐるします。当時さまざまな情報を求めたけれど、確証は得られませんでした。メイにとって、「ツインレイかもしれない」と感じた気持ちはとてもちっぽけで、本物の感覚かどうか自信が全くありませんでした。

恐らく、迷っていらっしゃる方のほとんどが、当時のメイと同じように思っていらっしゃるのではないかと感じています。自信を持ちたいし、確信を持ちたいけれど、お相手が思うように動いてくれない場合、苦しくて、つらくて、どうしていいかわからなくなりますよね。

でもね、大丈夫！　地の時代から風の時代になり、私たちは昔のように頑張らなくても、宇宙に応援をもらいながら、もっと軽やかにツインレイと幸せになれる時代がやってきています。特に、ツインレイは宇宙や神様の次元のパートナーシップですから、宇宙からの応援をもらったほうが早いし確実にうまくいきますよ。いよいよみんなで幸せになれる時代がやってきた！　とメイとナツキもワクワクしています！


それに、ツインレイと幸せになるということは、願いごとがどんどん叶う人生がスタートするということでもあるのです！

私たちの事例を申し上げると、ツインレイとして再会してから、収入は4倍になりました。二人ともお金には非常に苦労しながら生きていたので、豊かさを語れるような立場になるなんて今でも信じられません。

そしてメイはナツキがツインレイだと気がついてから、スピリチュアル能力が開花し、宇宙語を使えるようになり、今ではたくさんの方から支持をいただくスピリチュアルカウンセラーとなり、ナツキはオーナーシェフの夢を叶えました。

そして二人共の夢だった出版や講演活動をすることも次から次へと叶い、ツインレイに会う前ではありえない世界に来ています。

これは先にお伝えしておきたいのですが、ツインレイのプロセスは、願いが叶いやすいあなたになるためのプロセスでもあるのです。今までの固定観念や思い込み、閉じ込めていた感情を解き放つ際は、痛みも伴いますが、そこさえ乗り越えてしまえば、あなたが夢に描いていた本当に行きたかった世界へと行くことができるのです。すごいでしょう！


前著では、私たちのツインレイとしての奇跡を詳しく書くと同時に、ツインレイと出会うとどんなことが起きるのかを中心に書きましたが、本書では宇宙から応援されながらツインレイと幸せになるための、より実践的な方法を書かせていただきました。

さまざまなワークや、メイが発見したツインレイ手相鑑定の仕方についても、本書で初めて紹介いたします。また、前著でも好評だった「ツインレイお悩み相談室」のコーナーも設けて、実際にあったお悩みにQ＆A形式でお答えしていますので、参考にしていただければと思います。

この本を読めば、ツインレイに関するさまざまな疑問が解け、そしてあなたがツインレイだと心から確信し幸せになれるように、宇宙からのメッセージをたくさん盛り込みましたので、ぜひ最後まで読んでみてください。

ツインレイにまだ出会っていないあなたも、すでに出会ったあなたも、ツインレイという宇宙の流れに乗り始めたあなたには、これから山のような「奇跡」が連続して起こります。

さあここから、宇宙一幸せなツインレイになる扉を開いていきましょう！

ツインレイ夫婦　メイとナツキ

【目次】

第1章　ツインレイの真実

第2章 ツインレイと幸せになるコツとワーク

第3章 ツインレイお悩み相談室

装丁／菊池祐　本文デザイン／今住真由美（ライラック）　装画／北澤平祐　本文イラスト／岩瀬なおみ（COMACH）
DTP／NOAH　校正／小倉優子　編集協力／鈴木彩乃　編集／高見葉子（KADOKAWA）

第1章

ツインレイの真実

同じ魂をもつ二人が再び出会う奇跡

本書を手に取っていただいた方のなかには、

「ツインレイという言葉に惹かれたけど、どんなものかはよく知らない」

という方もいらっしゃるかと思います。

まずはツインレイについて、改めてご説明しますね。


ツインレイというのは、**もともと一つだった魂が二つに分かれた存在**のこと。

つまりツインレイの二人は、同じ魂をもつ唯一無二の存在。だから「魂の片割れ」とか「運命の相手」とも言われます。


魂が離ればなれになり、それぞれの体のなかでこの世界のどこかにいることを確信して再会を待っているのですが、**その出会い（気づき）は多くの場合、突然訪れます。**

詳しくは前著『運命の人は必ずいる　ツインレイとの出逢い方』に書きましたが、私たち、メイとナツキは、長年のあいだ特にお互いを恋愛対象として意識したことがない、仲の良い友人でした。ところが、本当にある日突然、最初はメイが、ナツキこそツインレイであることに気づいたのです。

それまでなんとも思っていなかったのに、フレンチシェフであるナツキのレストランに食事に行ってお料理をいただきながら、不思議な感覚に包まれました。そこに理由はありませんでした。なぜツインレイだと気づいたのかと言われても、「ただ、わかった」としか言いようがないほど、それは小さな確信のような気づきでした。

そしてこれは何も私たちだけの話ではありません。ツインレイとの出会いを果たした人たちの多くが、このたとえようのない確信を得ているのです。

また、ツインレイ同士の出会いの特徴としてよく聞くことに、次のようなことが挙げられます。メイとナツキとのあいだにも、不思議とこれらすべてのことが起こっています。

・**いつの間にか出会っている**…それまで特別視していなかったような相手、さらには「この人だけは絶対にない」と思っていた人だという可能性もあります。

・**なぜか二人きりになることが多い**…意図せずとも「この人とはなぜかいつも二人きりになる」ということが多い方はツインレイの可能性があります。

・**シンクロが起きる**…時々びっくりするような共通点が次から次へと現れ、二人の間には過去・現在・未来含めてさまざまなシンクロが起こります。

・**連番をよく見かけるようになる**…「1111」「8888」など連番をよく見か

けるようになるのは、ツインレイの次元に近くなってきている合図です。

・触れると溶け合うような感覚がある…ツインレイとのスキンシップは、肉体を超えてまさに二人の魂が一つに溶け合うような感覚になります。

・ずっと一緒にいられる…相手は同じ魂をもつ、いわば自分自身なので、ずっと話していても楽しいし、話さなくても気を使わない、そんな関係です。

いかがですか？　ツインレイを見分けるポイントをかいつまんで書きましたが、思い当たる方はいましたでしょうか。もちろん、これらに当てはまらないこともたくさんあることもありますので、あくまで参考にしてみてくださいね。

まだそんな人はいないという方も大丈夫。きっと出会いますから、これらのポイントをいつも心の片隅に置いておいてくださいね。

本当にツインレイかどうか確かめたい

ツインレイにすでに出会っているけれどうまくいっていなかったり、一緒になったけれどケンカが絶えなかったりする時にまず最初にわき起こるのは、「私の思っている人は本当にツインレイなの？」という疑問だと思います。

今までの恋愛とは違う感覚が確かにあると思っていても、相手の反応が薄い場合、いてもたってもいられなくなって、「ツインレイだと早く決めたい！」という気持ちになってしまいます。

そこで、つい「ツインレイ鑑定」などに走りたくなる気持ちもわかりますが、ちょっと待って！　参考程度に鑑定してもらうのはいいのですが、その答えが「絶対」ではないということを知っておいてください。「この人がツインレイだ」

と感じる感覚は自分のなかから湧いてくるもの。その感動こそがツインレイの醍醐味でもあるのです。

メイが最初に「ナツキこそツインレイだ」と気づいた時も、相当迷いました。自分で自分を信じきれず、「思い込みや勘違いかもしれない」という疑念もありました。本当にツインレイなのか考えれば考えるほど、気持ちは焦り、頭の中は進展しない関係性への不安でぐるぐるするばかり。当時はさまざまな情報を求めたり、誰かが証明してくれないかと思ったりしましたが、何をしても確証は得られませんでした。「ツインレイだ」と感じた気持ちがそこに確かにあっただけで、でもその感覚が本物なのかはまったく自信をもてませんでした。

そこでメイは、「ツインレイかどうか、ではなくて私はナツキがただ好きなんだ」ということを感じるようにしました。純粋に好きな気持ちを優先しよう。ツインレイかどうかはあとからついてくることだから、と。

この時に必要だと感じたのは、宇宙に対する謙虚さでした。ツインレイのプロセスは宇宙や神様の次元の領域のパートナーシップ。ツインレイに気づくも気づかないも、すべては宇宙の、神様の思し召し。ならばナツキが気づいてくれるまでは、天に宇宙に委ねよう——その宇宙に対する謙虚な気持ちが、直感を呼び、ナツキが気がついてくれるまでの道を作ってくれたような気もします。

もちろん、ツインレイだと決めるのはあなたですが、ツインレイだと確定するのは本当にお相手が振り向いてからがベスト。それまでは心のなかの「モヤモヤ」と向き合うことになりますが、でも実はそのモヤモヤが自分の成長にものすごく重要なのです。

つい私たちはモヤモヤがいけないことだと思いがちです。早く手放そうと思ったり、浄化を試みたり。でもメイの体験では、そのモヤモヤと共存してこそ、自分のマインドが成長することを実感しています。

そう、モヤモヤは心の筋トレのようなものです。ツインレイとのストーリーがスタートする前の準備運動でもあるのです。

いよいよモヤモヤする心の準備ができたあなたに、とっておきのワークをご紹介します。

お相手がツインレイかどうか感じてみるワーク

両手のひらを上にむけて、胸の前で広げましょう。

目をつむって、右手、左手それぞれに丸いエネルギーを思い浮かべましょう。

右手の丸いエネルギーのなかにあなたを思い浮かべます。

左手の丸いエネルギーのなかにお相手を思い浮かべましょう。

「今、私たちはどれぐらい近づいていますか？」と問いかけてみましょう。

これからお相手との進展がある方は、二つの丸が重なるように、両手がすーっと近づいてくるはずです。

現在、何か問題がある方は、両手が止まったままか、離れていきます。

ここで両手が止まった方、離れてしまった方、エネルギーがわからなかった方も大丈夫。これからツインレイと幸せになる方法をさまざまな角度からお伝えしていきます。

その内容が腑に落ちた時、きっとお相手との進展が始まるはず。そうしたら、このワークをまたやってみてください。あなたの感性も磨かれ、きっと違う反応をしてくるはずです。

どんな方にもツインレイが存在し、ツインレイとの希望があり、未来がある。

メイとナツキはそう強く信じています。

ツインレイとの出会いは理想の人生の幕開け

魂の片割れとの出会いには、それはもう言葉にしがたい深い感動があります。

「ようやく巡り会えた」

「私がずっと探していたのは、あなただったのね」

心の奥深いところで追い求め続けてきた自分の片割れ的存在と、もう一度一つになれたことに対する歓び。すべてが満たされていくような、経験したことのないあたたかな感覚に包み込まれます。

そうして、ツインレイと出会えた方の大半が、

「もう、これで大丈夫。ここから先は、すべてのことがうまく進んでいく」

と信じてやみません。

ところが、出会いからしばらくして、私たちのところに届くのは……、

「なんだかうまくいきません」

「思っていたような展開になりませんでした」

「相手との関係がギクシャクしてしまいました」

そんな嘆きのお声もたくさん寄せられるのです。


この時、一体何が起きているのでしょうか?

実はツインレイのプロセスって、**あなたが願いを叶いやすくするために起きているケース**がほとんど。ツインレイは、魂レベルでお互いの願いを叶えるために存在しているのです。だからお相手が「思っていたようにならない」ということは、これからあなたが願いを叶えるために、染みついた固定観念を外して自分の生き方を改めるタイミングがきているということなのかもしれません。

そして、**闇があるということは、必ず光がやってきます。**今、うまくいっていないということは、これからうまくいくというサインでもありますね。

今まで孤独感を感じながらも、つい自分一人だけで頑張ろうとしてきた方は、これから宇宙にたくさん助けてもらうことを覚えるタイミング。そしてツインレイプロセスにも磨かれながら、あなたの理想の人生を実現していくのです。

そこで本書では、すでにツインレイに出会っている方もそうでない方も、不必要な回り道やつまずきをせずに、宇宙に応援されながらできるだけスムーズに二人の関係を進めつつ、あなたの夢をどんどん叶えられるように、具体的な方法をお伝えしていきます。

ツインレイの今の姿は、例えあなたの願い通りではないものであったとしても、あなたに願いを叶えて欲しくて、そうしているだけのこと。

「あれ？　私何を思い込みすぎているのかな？」そんなことを感じながら、この先も読み進めていってみてくださいね。

ツインレイプロセスについて

ツインレイには試練がつきもの、そんなふうに聞いたことはありませんか？

「今の恋人のことが心から大好きで、私のツインレイだと感じています。でも、出会ってから今まで、試練になるようなことは何も起こりません。これってやっぱり、今の恋人はツインレイではないということなんでしょうか？」

実際、こんなふうに仰る相談者さんもいます。

というのも、昨今よく言われている**「ツインレイプロセス」**や**「ツインレイプログラム」と呼ばれる考え方**の影響かもしれません。

ここで少しご紹介しますね。

ツインレイプロセス（ツインレイプログラム）

“気づき”という名の出会い

↓

互いを確かめ合う

↓

二人の間に危機が訪れる

↓

一時的な分離
（サイレント期間）

↓

再会を果たして統合する

ツインレイであれば、二人の魂の成長速度に合わせてこのような過程を必ず踏むはずだと語られているのです。

もちろん、実際にそういった過程も傾向として多いのかもしれません。でも、危機や分離といった苦しい時間が全部のツインレイにあるとは限りません。苦しむ方はとことん苦しみますが、それなりの苦しさで終わる方もいれば、すべての物事がスーッと進んでいくツインレイも実在します。そして、それが特別少数派というわけでもないように感じます。

こういったことを踏まえて、私たちは**ツインレイプロセスとは一定のかたちがあるのではなく、「二人がもつテーマ」によって大きく変わる**と考えています。

例えば、メイとナツキにおける大きなテーマの一つは家族です。ツインレイに気づいた当時、メイにはすでに前の夫との子どもが二人いました。そこから家族のかたちを変えて、私たちの家庭を築き上げていくためには、サイレントを挟んでいる時間がなかったのではないかしらと解釈しています。

一般的なプロセスが間違っているわけではありません。

ただ、**いろいろなかたちがあっていいんだよ**、とお伝えしたいのです。

どうしてかというと、せっかく二人の関係がうまくいっているのに、プロセス通りじゃないことに不安に感じてしまう人が少なくないからです。


ツインレイは、自分自身の枠を外してくれるお相手でもあります。

ですので、「ツインレイとはこうなるものだ」と考えれば考えるほど枠を作ってしまうことになり、ツインレイのエネルギーとは離れてしまいます。

もし「必ずこうなる」という思いがあったら早めに手放し、「私たちには私たちオリジナルのプロセスがある」と思ってくださいね。

サイレント期間の考え方

サイレント＝分離ではありますが、その定義も人によって異なります。

現実には関わり合いのないお相手、例えばアーティストやタレントさんなどの有名人とファンとの関係性をサイレント（自分だけが気づいてる状態）ととらえている人もいます。もちろん本当にツインレイである可能性もありますし、残念ながらそうではないこともあると思います。

もともとは一つの光だった二つの魂は、**サイレント期間であっても完全には離ればなれにはなりません。**ベンダイアグラムやヴェシカパイシスのような、小さな二つの丸と丸が少しだけ重なっているようなイメージです。

まったく別のところに存在していたらツインレイだとはなかなか気づけません。

ほんの少しでも重なっているからこそ、その重なりは浅くてもお相手のなかに自分の要素を見出すことができます。

統合に向けて重なりを深めるには、それぞれの丸をただ近づけようと左右から押し込んでもダメです。有効的な手段はたった一つ。お互いの丸を大きくしていくこと。つまり、**それぞれが自分自身の魂を成長させていくことによって**自然と重なりが深まって、相手の存在に気づきやすくなるのです。

そうして相手のなかにある自分にも出会えるようになり、いずれ一つに統合されて、そこから先はともに成長していきます。

つまり私たちが考えるサイレントの定義は、**自分自身の成長期間**です。

出会う前、出会ったあと、気づきを得たあと、離れている時間はすべて自分の心を見つめて本当に在りたい姿を探り、より良い自分になっていくために設けられたスペシャルな期間。

なので、ツインレイのお相手とうまくいかない現象を、私たちはすごく大事な時間だととらえています。

私たちの場合で言うと、それはツインレイであるという気づきを得る前の話になりますが、かつては専業主婦のパートとして事務仕事に従事していたメイは、本当の興味を見つけてスピリチュアルカウンセラーとして宇宙とのつながりを深めていったり、ナツキはかつての結婚では諦めるしかなかった「子育て」という夢を叶えるために別離の道を選んだり。

道のりは違えど、**それぞれの苦しみのなかで本当の自分に還る**プロセスを経て、本来の二人の姿へと近づいていくことこそが、大切なのです。

サイレントからの解放

一方で、サイレントという概念そのものがツインレイと出会った皆さんを惑わせる大きな要因になっているのかもしれません。だけど、それは**サイレント期に必要以上に固執している**からではないでしょうか。ならばいっそのこと、サイレントからの脱却を試みてはどうでしょう。

出会いから分離を経験することなくずっと一緒に歩みを進めている二人も、距離を置かざるを得ない展開を迎えた二人も、サイレントという概念を捨てて、今起きている現実を「そのまま」受け止めて進んでいくのです。

もしも今一緒に歩めているのなら、無理に不安を求めずにそのままの幸せを享受して生きていく。

もしも分離のタイミングがやってきたのなら、

「サイレント期がきたから、相手が目覚めるまで少し距離をおこう」

なんてややこしく考えるのではなくて、シンプルに心のなかで一旦お別れを選択することをおすすめします。


お相手とのつながりをキープしたまま距離を置くだけだと、無意識のうちに、

「私は気づいているけれど、あの人は気づいていない」

「いつになったら、私と一緒にいる運命だということを選択するのかしら」

という上から目線になってしまうこともあります。ツインレイはもう一人の自分でもあるので、お相手を見下しているということは、自分を卑下していることにもなり苦しくなってしまいます。


ツインレイという存在、そしてサイレントという概念を握りしめないで、その手の力をふっとゆるめてみてください。

大切なのは今、**私たちが生きている現実で起きている現象を謙虚に受け止める**

こと。うまくいかないものには、宇宙からのメッセージが隠れているのです。

自分のなかの、お相手が好きという気持ちと、ツインレイだということは心のなかに大切にしまって、離れているという現実を受け止める。そのうえで、しっかりと自分自身の心と向き合って、魂を磨き、より良い自分へと成長していくための時間をすごしましょう。

はっきり言ってしまうと、**ツインレイであればいつかまた再会するときが必ずやってきます。**今は寂しい気持ちになるかもしれませんが、ツインレイとは魂や神様の次元での結びつきです。それを、私たちの自我で都合よくコントロールすることはできないのです。

そこで、動かない状況をリセットする浄化のワークをお伝えします。握りしめていた思いを宇宙にゆだねることで、新しい風が吹き始めます。ぜひやってみてくださいね。

サイレントを浄化するワーク

イメージのなかで、お相手に一番最後に会った日のことや、最後のメッセージを振り返りましょう。

そのヴィジョンを美しいカプセルに入れ、両手に包みましょう。

そして息を吐くごとに、カプセルを美しい黄金のエネルギーで包んでいきます。

黄金のエネルギーで包むことを三回繰り返したあと、吐く息に合わせて、カプセルを黄金の粒子へと変化させ、手をどんどん上にあげて、すべての粒子を天へとお返ししましょう。

ツインレイと出会う意味

ツインレイとの出会いを別の言葉で言い換えるとしたら、**自分自身と向き合うフェーズへの入り口**と言えると思います。

「私が本当にやりたいことって何？」

「自分を生かすってどういうこと？」

そんなふうに、人生の深いテーマに入っていくことによって、今までは考えてこなかったたくさんの問題が押し寄せてきます。

ツインレイとの関係は一人ひとり違うので、もしかしたら、

「こんなに大変ならツインレイと出会うんじゃなかった」

「こんなことをやりたくてツインレイとの出会いを望んだんだっけ？」

と疑問に感じることもあるかもしれません。今まで向き合ってこなかった自分といよいよ向き合うときが来ただけのこと。それは本当に魂レベルで自分を大切にするプロセスでもあるのです。

今ではナツキと一緒になれたことで心からの充足を得ているメイも、苦しみの渦中には「こんなことならナツキに出会わず、〝何も考えない私〟のままで、（当時の）夫の元でパート勤めをして日々を淡々とすごすほうがラクだったよな」と感じたことがあるほどです。

「ツインレイと出会わないほうが良かった」

と感じることがあるのは、ある意味では事実だと思います。

ただ、もっと正確に言うなら、「良かった」ではなく**「ラクだった」**ということかもしれません。

でも、その「ラク」にも2種類あることに気づいていますか？

惰性による「ラク」と、本質に還る「ラク」

メイがナッキと再会してツインレイだと気づいた時に最初に思ったことは「えー！　どうして今なの？」でした。

初めて出会ったのはその8年前。もっと早く気づくこともできたのではと思いました。だけど、そう思うとほぼ同時に、「ここで動かなければ、私はカウンセラーとして誰も導けない」とも思ったんです。というのも、ちょうどナツキと再会した頃、メイはスピリチュアルカウンセラーとして活動し始めた時期だったからです。

メイはもともとは専業主婦でしたし、働きに出ても一般的な事務職ばかりに就いてきました。誰かのサポートに徹することが自分にとっての喜びであり、客観的に見ても向いていると思っていました。自分を主役にするのではなく、裏方で誰かを支えるのが自分の人生だと思っていたのです。

ナツキと再会したのは、そんなメイがカウンセラーとして独り立ちすることを選び、まさに一歩踏み出したタイミングでした。だからこそ、この先の道のりがどれだけ険しくても、前に進むしかないと考えることができたのです。


ツインレイと一緒に幸せになりたい。でも、その道のりは苦しい。つらいのは嫌だ。じゃあ、今のまま慣れ親しんだ環境でラクな人生を送っていくのがいい？ それは嫌だ。嫌なら、今こそ変化する大チャンスだよ！ という宇宙からのメッセージだと思います。

慣れ親しんだ環境によるラクさを選択してしまうのは、**もっと本質的にラクな生き方が存在することを、まだ知らないだけ**だからだと思っています。

ツインレイというのは、メイからしたらとても自然な在り方なのです。

例えるなら植物のようなもので、好きなところに生えて、好きなところにつるを伸ばして、自分のタイミングで花を咲かせて然るべきタイミングで枯れていく。葡萄棚のようにどこにつるを伸ばすのか決められている人工的なそれではなくて、野生の植物そのものだと感じています。それくらい、ツインレイと**一緒にいるとどんどん自然体に戻っていきます。**

だからメイはナツキと再会する前の、当時はラクだと感じていたはずの自分のほうが、今となっては大きな違和感があるんです。「ラクだと感じていたのは、本当の自分から逃げていたから」ということに気づいたからです。

深く考えなくても、何かを変えようとしなくても、**とりあえずの自分の居場所に存在し続けていることを、ラクだと勘違いしていた**だけなんです。

思い込みが強ければ強いほど、ツインレイと出会い本来の自分を手に入れるまでの過程は苦しくなってくると思います。

苦しいと感じさせている鎧《よろい》に気づき、鎧を脱いだその先には、本当の自分でいることの本質的なラクさを体験できる、心地良い世界が広がっているのです。

鎧を脱げば願いが叶う

大人になればなるほど、**現状維持をすることが最優先の自分**になっていることがありますね。変化にともなう面倒や苦しみがどれほどのものか、長く生きていると想像できるようになっているからだと思います。

余計な苦労はしたくないし、新しい世界とかいうのはもういいよとか、平穏に日常をすごせればそれでいいとか、自分の幸せより子どもの幸せを優先したいとか、いろいろな理由を見つけては「今のまま」でいるための鎧を着てしまっています。

それに、自分を変えるということがどういうことかわからず、動けないということもありますよね。

しかし、ツインレイとの出会いはその鎧の脱がせ合いのようなものでもあります。それは、鎧を脱いだ方が、確実に軽やかに願いが叶いやすくなるからです。

ツインレイはお互いの願いを叶えたくて存在している部分もあります。だから、**あなたの願望実現を遮っている不必要な考え方や思い込みはどんどん剥がれていく**のは当然のこと。

メイもナツキにたくさんの鎧を剥がされました。例えば、ナツキと再会する前は、もう女性として愛される喜びを感じることは難しいと思っていました。しかし、ナツキと再会することによって、恋をする喜びや愛される喜びを再度味わうことができ、ナツキのお陰で、生きている充実感で満たされていきました。

「ツインレイと再会したら私はどんどん鎧を脱いでいこう」

と決めておけば、どれを外せばいいのかわかるようになります。ぜひツインレイのお相手に鎧を脱がされてみてください(笑)。

ツインレイから逃げられる？

何度も書いていますが、ツインレイとの出会いは思いがけないタイミングでやってきますから、心の準備ができていなかったり、スムーズに一緒になることがままならないような状況に置かれていたりすると、「今はちょっと待ってほしい」と思うこともあるでしょう。

さらには、なかなか思い通りに進展しない時、そんな関係がつらくて苦しくて、逃げたくなることもあるでしょう。

そんな時、「ツインレイだから絶対に逃げ出してはいけない」ということはありません。場合によっては少し離れる選択肢もあっていいと思います。

自分としっかり向き合った結果、今は一緒にいないほうが良いと心が感じるのならば、自分から相手と離れてもいいのです。

メイの場合も、ナツキから逃げたいと思ったことは何度もありました。逃げたくなるようなこと、それまでの自分だったらすぐに逃げ出していたに違いないことが、メイとナツキとの間でたくさん起こりました。

それでも結果的に逃げなかったのは、ナツキとの縁からはどうやっても逃げられないと、ツインレイとして再会した時に直感的に感じていたからです。なぜならツインレイはもう一人の自分。**自分から逃げることは絶対に無理だとわかっていた**からです。

おそらく過去世でナツキからさんざん逃げてきたのだと思います。今回逃げてもまた同じところからやり直しをさせられると悟ったメイは、今世ではきちんと向き合った先の未来を見に行くことにしました。

まだ見たことのない世界にたどり着いてみたい、ナツキと一緒に乗り越えてみたい。そう強く感じて、覚悟を決めたのです。

押し殺した感情はどんどん解放へ

ツインレイのナツキと出会う前のメイは、どんなに嫌な気持ちになったとしても、人に感情をぶつけることができませんでした。

感情を出すことがダメなことだと思っていて、嫌なことが起きたらギリギリまで耐えて、いずれ限界を迎えたら、何も言わずに身を引き、金輪際会いたくないと切り捨てようとする。非常に極端でバランスが悪いのが、過去のメイがしてきた生き方でした。

ただ、その生き方が正しいと思って嫌なものを避けながら生きてきたというのに、人生がまったくうまくいっていなかったのも事実です。

そんなメイが、ツインレイのナツキと一緒に暮らし始めて一年後、ナツキに対して怒りの感情を爆発させた出来事がありました。

はたから見たら、そこまで怒ることではなかったかもしれませんが、メイにとっては許せないと思っていたこと、また末っ子の産後すぐの時期でしたので、ホルモンバランスが不安定だったこともあると思います。

でもこの爆発が大きなターニングポイントとなりました。なぜなら、この時が、メイが初めて自分の本当の気持ちを人にぶつけた瞬間だったからです。

メイはずっと、自分の感情を相手にぶつけたら「嫌われる」「関係性が壊れる」と思い込んでいました。だから、どんなに嫌でつらくても黙って耐えたし、それでも耐えきれなくなったら自分の想いにふたをして、背を向けてきました。

つまり、**本当の自分の気持ちから逃げてきた**のです。

ツインレイであるナツキとの間に起きたことだから、何か大切なメッセージが込められているのはわかっていましたし、この課題はナツキと一緒に乗り越えて克服しなければならないように思えたのです。

もちろん爆発した瞬間にここまですべてを考えたわけではありません。感情のコントロールが一切効かない状態になっていることで、ツインレイという関係においてはお互いいっさい隠しごとができないのだということを実感しました。自分にはやったことのない未知の領域で、怒りをぶちまけながら、この先に何があるのだろう、とそんなことを考えている自分も存在していました。

怒りにまかせてナツキと対話をすればするほど、心がすごく軽くなっていることに気がつきました。今まで気になってモヤモヤしていたのに聞けなかったこともすべて聞きました。それらに対するナツキからの答えが、「えっ？!」と拍子抜けするほどの答えばかりで、メイは自分のなかで想像した、いわば幻想のナツキに対して怒りをもっていたことに気づいたのです。

ナツキもメイの気持ちをしっかり受け止めてくれました。嫌われることも、関係性が壊れることもありませんでした。そして、何よりも、

「相手に感情をぶつけてはいけない」

「つらい・苦しいといったネガティブな感情をもつことすらダメ」

そんなふうに思っていたけれど、そうではないことを初めて知ったのです。

感情に正直に動いたっていいし、**ネガティブな気持ちも大切な私の心の反応なのだ**と、受け入れられるようになりました。

そして感情に向き合い、ナツキと共有することで、人生が動くことも体験しました。例えばケンカしたあと、仲直りしたタイミングで電話が鳴って仕事の依頼がくるなど、新しい進展が必ず起こるようになったのです。

それに気づいて以来、感情は**進化したいタイミング**で私たちのなかから出てきてくれる、人生を進ませるための大切なパワーなのだと思うようになりました。

親との関係がツインレイとの関係性ににじみ出る

そもそも、どうしてメイは自分の気持ちを前面に出すことができなかったのかというと、実は、**親との関係に起因**しています。

メイがまだ子どもだった頃、メイの父は業務中に事故に遭いました。かろうじて命は助かりましたが、顔に大きな傷を負い、それから4年近く入院して大きな手術を何度も繰り返しました。

毎週のようにある手術の日、母は病院で付き添いのため、メイと弟は祖父母とすごすことが多くなりました。家族の皆が父の安否を心配し、大変な状況に耐えているなか、その状況を察して、本当の気持ちを口にすることができないような状態でした。

今は家族が大変な時だから、と我慢するのが当たり前になり、いつしか心や感情が動かなくなりました。誰しもが感動するような映画を観ても、何も感じない……ということもあり、「自分はおかしいのかな？」と悩むこともありました。

年齢的には無邪気に自分の心を表現するには少し大人になりすぎていて、かといって家を出るなどして自分で環境を切り替えることができるほど大人なわけでもありません。ただ家族に負担をかけないようにいい子でいること、そんな役割を自分に課して生きていたのです。

今となれば、それもまた自分を守るための鎧だったのだと思います。


だけど、何だかずっと心がモヤモヤするし、時々無性にイライラもしました。それをどうにか発散するため、20代の頃は夜はバーに入りびたりだったのですが、結婚して子どもができてからは、モヤモヤをなんとかするために自己啓発に取り組んだりしていました。ナツキと出会うまでは、そんなふうに感情を出しているようで出せない、能面のような人生を送ってきました。

「それなりに」生きてきたつもりでしたけど、たくさんの感情を開放して生きている今にして思えば、今まで「ちゃんと」自分を生きていなかったことを自覚しました。メイはツインレイのナッキに再会して本当の自分に還るきっかけをもらいました。感情が出てくるのには意味があって、その奥にこれから向かいたい自分が隠れていることがわかりました。最初はつらく感じましたが、今では起こったことすべてが必然だったと実感しています

と、ここまではメイの話を中心にツインレイに反映された家庭環境についてお伝えしましたが、当然ナツキにも同じようなことは起きていました。

私たちは今、三人の子どもと暮らしており、子育ての真っ最中です。特にナツキの実子でもある末っ子は、まだ幼児期にあります。いろいろな体験を通してたくさんの学びを得ていくなかで、親として叱る必要があるシーンが日常のあちらこちらに散らばっています。

ナツキが末っ子を叱っている時には、メイの目にはナツキの姿が義両親に見え

ることがあります。同じことを子どもの頃に言われていたのかな、と過去のナツキの姿が見えるようです。親として子どもと接する時、私たちは（誰でも）自分たちの親に成り代わってしまう傾向にあります。

自分が親から受けてきたことはどんなことでもすべて愛情だと、自分のなかで無意識のうちに思い込んでしまっています。

じゃあどうしたらいいのと思ってしまうかもしれませんが、ツインレイ同士が一緒にいれば、手放すタイミングは自ずと見えてきます。

お相手に見える違和感があれば、自分にも同じところがないか内観してみてください。ツインレイですから同じところが結構あるものです。

ツインレイとの感情のプロセスを越えるとお相手とさらに仲良くなるのはもちろん、ご自身の親御さんとの関係性もすごく良くなりますよ。

このように、ツインレイと一緒にいるなかでぶち当たった壁や課題を二人で乗り越えることで、自分自身の人生がより良い方向に変化していくことが本当にたくさん起こります。

ここで前のテーマに戻りますが、だからこそ、ツインレイとの関係がつらかったら逃げてもいいいんだけど、いっときの苦しさで逃げるのはもったいないかな……？　というのが、私たちの見解です。

ツインレイと出会う前の自分の人生を思い返してみてください。

いつも同じパターンの選択を繰り返した結果、幸せになれていないと感じるのなら、苦しみを感じている今こそ、**逃げずに乗り越えるべきタイミング**なのかもしれません。宇宙はあなたに必要なミッションを用意してくれています。あなた自身の幸せのために、嫌だなあと思うことにもちょっとだけ目を向けてみてくださいね。

過去世カルマを解消する一番簡単な方法

今世で起きること、特にツインレイとの関係性において起こる問題は、過去世のカルマに起因することもあります。そのようにお伝えすると、ほとんどの人が「よし、そのカルマを解消すればいいんだな」と解釈しますが、私たちの考えは少し違います。

私たちは、過去世でやりきれなかったことはすべて、今目の前で起きていることに映し出されていると考えています。だから、**今起きている事象に向き合えば、それでOK。**過去世カルマやご先祖様からの因縁は全部目の前に起こってくるのです。

例えば過去世カルマといっても、一つや二つの話ではありません。どの人生もさまざまな出来事が複雑にからみあってできているものなので、何かを解消すればすべてがうまくいく、というものでもありません。

貨物列車をイメージしてください。貨物を牽引する先頭車両が、今世の私たち。後ろに連なっているのが過去世やご先祖様方。先頭車両がどこに進むかで、すべての所在が変わってくるのです。つまり、今世であなたが何を目指してどこに進んでいこうとするかが大事で、問われているのは常に私たちの決断。

今のあなたが幸せになればなるほどカルマはどんどん解消され、軽くなります。

よくあるのが、カルマを解消することを最優先にすると、まるで自分の（魂の）過去が汚れたもののように感じてしまったり、自分があまりに背負いすぎていて、何から手をつけたらいいのか混乱してしまったりすると思います。

今世で起きること、特にツインレイとの関係性において起きる問題には確かに過去世カルマからきていると思われることもありますが、でも、だからといって過去世に振り回される必要はまったくありません。私たちは過去世カルマを背負うために今世、地球に来たわけではないのです。

ここで感じていただきたいのが、「私たちはなぜ地球にやってきたのか」という点です。細かな目的はそれぞれにあるとしても、誰に対しても言えることは、**新しい体で、新しいチャレンジをして、新しい経験をするため**という、ワクワクした気持ちがあったはずなのです。

どの過去世よりもっと良くなりたい、今世で達成したいことがあるから地球にいるわけです。だから昔の体で体験してきたことは、もう繰り返す必要はありません。今のあなたが生きている環境下で目の前で起きていることに向き合うことが、魂の道をまっすぐ歩くことにつながります。

必要な道は、必ず目の前に存在しています。まずあなたが過去世ではなく「今ここ」を感じ、今に存在することが何より大切になってきます。

望む未来に連れて行ってくれる宇宙ナビ発動！

となると今、自分の目の前で起きていることに対してどのように対応して、問題を解決していくべきかが気になってきますよね。

メイがいつも相談者さんたちにお伝えしているのは、目の前に何かしらの問題が現れた時に、その都度「どうしたらいいのかな」と状況を打破する手段を考えるのは、ちょっとストップしてほしいということ。

例えばツインレイのお相手とうまくいかない時、「相手の気持ちを変えさせるには？」とか、「私はどういう態度で接したらいい？」とか、反射的に対応策を考えてしまうと思います。

でも、ツインレイは宇宙や神様次元のパートナーシップなので、今起きていることは宇宙の大いなる意図が働いていて、自動的に魂の道を進むためのプロセスになっているはずなのです。つまり、**三次元的なテクニックで解決方法を考えるのはそもそも違う**のです。

あなたの望んでいない状況になった時、自分の心はどんなふうに感じているのかな？　不安に感じているのなら、一体いつからこういう事態に対して不安を感じるようになったのかな？　嫌だと感じているのなら、そう感じるようになったきっかけが何かあったかな？　そんなふうに、自分が過去に経験してきたことに想いを馳せてみてください。

すると、「幼稚園の時に友達に仲間はずれにされた時から感じるようになった」とか「高校生の時に付き合っていた人から取られた態度が、まだショックでずっと記憶に残っている」とか、忘れてしまっていたけど記憶の隅に置いてけぼりになっていた自分と出会い直すことができます。

ツインレイとのあいだで起こることには、いつでも自分と向き合わされます。

昔のあなたに戻ることが、これからの人生を進むにあたって必要だよと宇宙から言われているだけなのです。

この過去の自分との出会い直しを経験すると、いつもの思考パターンから抜け出し、自分のなかで**今までとは異なる反応**が起こるようになります。

目の前の状況にいちいち反応してあれこれ画策しなくても、流れに身を任せながら、自分自身に目を向けるのです。その結果、自分のなかでの反応が変わると、その後の展開も自然と変わっていきます。

こうした意識の在り方が、**「魂が行きたいと思う道を信頼して進ませてあげる」**ということなのではないかな、とメイは思っています。

これに関してはカーナビゲーションの例えが一番しっくりきます。

私たちがするべき唯一のことは、目的地の設定のみ。ツインレイと幸せになる未来を望むのなら、**明確に自分自身の未来に「ツインレイと幸せになる」という目的地を設定してください**。そうすれば、宇宙のナビゲーションシステムがまるでカーナビのように、現在地から望む未来へと進む道のりを自動的に設定してくれます。

目の前で起こることにその都度「どうしたらいいか」と反応するのは、カーナビが「この角を右に曲がれ」と示しているのに、「曲がったほうがいいのか、曲がらないほうがいいのか……」と悩むことと同じです。

もしそこで曲がらなかったとしても、500メートル進んだ先でまた、右に曲がれという指示が出てくるはず。なぜなら、**目的地までのルートとなる道はいくつもある**からです。

車を運転される方であれば想像がつくと思いますが、カーナビに従ったところで「えっ、この細い道を曲がれってこと?」というような、びっくりしてしまうような指示を受けることもありますよね。

多少驚くことがあったとしても、宇宙ナビゲーションシステムはあなたを目的地にきちんと案内してくれます。「本当に望む未来に連れていってくれるの?」と不安がらずに、ご自身と宇宙をもっと信頼してあげてくださいね。

ただし、繰り返しになりますが、**忘れてはいけないのは目的地設定**です。基本的には、魂は地球に入ってくる際に目的地設定しているはずなのですが、そこに今のあなたの欲求もプラスされることで、さらに運命は動きます。

自分の人生はどうなりたいのか？　それをナビゲーションシステムにオーダーしてください。

いちいち反応する必要はないとわかっていても、ツインレイとのあいだには手を変え品を変えていろいろなことが起こりがちです。目の前のことに追われていると、本来の目的である「ツインレイと幸せになる」ということを、忘れてしまうこともあります。

あなた自身が宇宙のナビゲーションシステムが備わっていることを信頼すること、そして今のあなたの望みを自由に決めておくことが大切です。

そして宇宙ナビの指示方法は〝直感〟です。ぜひナビからのお知らせを見逃さないようにしてください。そう思うと楽しくなりますよね。

ツインレイは「思い込み」との出会い

魂の片割れであるツインレイと出会うと、自分のなかにある数えきれないほどの思い込みがどんどん剥がされていきます。そして、その過程は三次元を生きる今世の人間としての在り方から、**本来の魂としての在り方に近づいていく作業**だと思っています。

自分のなかに思い込みなんてない、と思いますか？　もしそのように思っているのなら、ツインレイと出会ったこれからの未来はしばらく驚きの連続でしょう。思い込みとは無意識のものなので、自覚がないところにはきっと自分の思い込みがあるかも、と思うぐらいがいいかもしれません。

今の地球上で社会人として荒波を立てずに生きていくためには、「こうするべき」「こうあるべき」というさまざまなルールに従う必要があります。意識していなくても、子どもから大人になる成長過程において身につけていくものだったりするので、むしろ「そういうもの」として何も考えずに受け止めていることのほうが多いかもしれません。

ただ、ツインレイという魂レベルの存在に気づいたあなたはもう三次元的な生き方から離れ始めているのも事実。ということは、これからツインレイとして生きていくあなたにとって、今もっている思い込みは**はっきり言って不要の代物**なのです。

二人が出会ったのは、お互いの魂の目的地へたどり着くため。そのために**思い込みをどんどん剥がして溶かして、良いかたちで燃料に変えていく**ことができると私たちは考えています。

どのようにして思い込みを溶かしていくのかというと、私たちの場合は、多くのパターンとしてナツキがやらかします（笑）。思わずメイが「えーっ!?」と大きな声を上げたくなるようなことを、突然するのです。

生半可なことではなく、勢いよく大胆に、こちらが考え方を大きく変えなければ対処しきれないようなことを一気に起こしてきます。それが、ツインレイによる思い込みの溶かし方であると、経験を積みながらわかってきました。なぜなら、それくらいの強制力を持たせないと思い込みの殻は壊れないからです。

だから、パートナーが何かを引き起こした状況に対して「なんでまた……」「よりによって、そっち……」と心が抵抗しそうになったら、むしろ脱却のチャンスだと思ってください。今までの人生では、抵抗すれば逃げられましたよね。でも、ツインレイのそれからは逃げられません。

選択肢は、一つだけ。抵抗を引き起こす要因となっている、**自分のなかの思い込み**を溶かして、状況を受け入れていくのです。

ここで、お伝えしておきたいことが二つあります。

一つは、**思い込みをもっていることは決して恥ずかしいことではない**ということ。種類は違っても誰もが必ず、しかもかなりの数をもっているものです。思い込みがたくさんあるからこれまでの生き方は失敗だったんだとか、間違っていたんだとか、そういった考え方をする必要はありません。

先ほど私たちのとらえ方として、外した思い込みは燃料となると書きました。それ以外にも、たくさんの時間をかけて積み重ねてきたあなただけの経験はすべてが大切な財産であると気づかせてくれる活かし方を、宇宙あるいはツインレイのお相手が見せてくれます。

なので、むしろ**自分への信頼が増す**のを感じられるでしょう。

自己信頼ができるようになると、自分としてここに存在すること自体が心地よくなり温かなエネルギーがわき起こってくるような、全身が満たされていくような感覚を得られます。

そしてもう一つは、**相手の言動に対する抵抗感を履き違えないよう注意してほしい**ということです。具体的に言うと、相手からの暴言や暴力などを受け入れようと努力する必要はありません。

愛しているから、ツインレイだから……などと我慢をしないで、早急に距離をとる、あるいは正しい機関に相談をして適切に対処してください。それこそが、思い込みを外す作業となります。

メイ自身も昔はそうでしたが、恋愛関係にある相手に自分の本当の気持ちをぶつけたら「嫌われてしまうのでは」「自分の元から立ち去ってしまうのでは」と思っている人はかなり多いです。もし思い当たる方は、これだけは必ず覚えておいてほしいです。

ツインレイは、**真剣に本心をぶつけて嫌われて二度と会えなくなるような単純な関係ではありません。**

それでも行動に移すのがまだ少し怖いな、と感じる時は、「私の目は、神様の目とつながっている」という意識をもってみてください。神様というのは、宇宙と言い換えてもいいと思います。

自分ひとりでは向き合いきれない不安や恐怖も、神様（宇宙）がすべてを把握してサポートしてくれていると思えば、勇気がわいてくると思います。

何度も書きますが、宇宙や神様の次元のパートナーシップであるツインレイを今は人間としてやろうとしているのですから葛藤はつきものです。でも実は宇宙から見ると、その葛藤も「楽しい」と感じることでもあります。

この地球は体験の星です。今世で出会えた奇跡に感謝をして、起きてくる感情や状況を信頼して受け入れていきましょう。

「絶対嫌！」の向こうに「幸せ」がある

ツインレイに出会う前の自分には考えられなかったような出来事が、身のまわりで次から次へと起こるのでいつも驚かされます。

特に特徴的だなと思うのが、「ツインレイと出会う前の自分が『絶対に嫌！』だと思っていた世界に入らざるを得なくなる」ということ。

メイは誰かと感情をぶつけあってケンカするのなんて嫌だとずっと思っていましたし、ナツキはというと、自分の顔を出して動画配信をしたり、オーナーシェフを務めていたレストランをクローズするのもコックコートを脱ぐのも絶対嫌でした。

でも二人とも今ではむしろ、「うわ、これ絶対嫌だな」と感じたことから率先してやるようになりました。

なぜかというと、**嫌なことを受け入れるようにしたら、どんどんステージが変わり、幸せになっていく**のを体感するようになったからです。

ナツキは顔を出しての動画配信に抵抗がありながらも、始めてみたら意外と楽しくて、自分の新しい興味分野を見つけたような気持ちになっていました。

ただ最初、本当はナツキのほうが前に出てしゃべりたいと思っていたんです。

動画の撮影途中に、「どうしてメイばかりしゃべるんだ！」とケンカになったことがあるくらい、当初はメインになれないのが苦しいことだと思っていました。

だけど、続けていくなかで、実際に話を展開するのはメイのほうが得意だし、ナツキは横で頷きながら要所要所でエピソードを添えたりまとめる言葉を挟み込むほうが、動画としての仕上がりがいいと自分でも思うようになりました。それを裏づけるのは、視聴者の皆さんの反応でした。メイの隣で話に耳を傾ける姿こそ、ナツキの魅力だという類のコメントをいくつもいただき、ナツキはハッとしました。

動画配信を通じてツインレイのことを発信すると決めた以上、視聴者さんの需要に応えることは大切な取り組みですし、同時に、自分が話を回して展開していくよりもメイの話を聞きながら、その内容を見ている方の耳や心により刺さるようなキラーワードを探すポジションのほうが自分らしく、なおかつユニットとして魅力的な発信ができるように変化していったのです。

これらの経験を踏まえて感じることは、むしろ**「絶対に嫌だ」と感じることにこそ、新しい人生の扉だったり本当の自分の気持ちだったりを開く鍵が隠されているのではないか**、ということです。

嫌だと思うことって、自分が想定以上のところにいかないようにしているブレーキのようなものなのではないかと思います。そのブレーキを取り払った先には、当然ながらまだ見ぬ自分＝本当の自分が待っています。

ツインレイのお相手と関わっていると、自分が無意識にもっているブレーキが自ずと見えてきます。そのプロセスこそあなたが自然体に戻っている証拠。

心の抵抗の先に進むことで、本来のあなたの魂が喜ぶような人生が待っています。ツインレイは光であり、闇も見せてくれる存在。闇を感じるということは、次に控えている光が強くなってきているということです。

光はもう目前です。あなたの体験したい世界が近づいてきていますね。

第2章

ツインレイと幸せになるコツとワーク

幸せを学んだことがない私たち

ここまで何度も「ツインレイと幸せになる」ことについて書いてきました。

突然ですが、**「あなたにとっての幸せって何？　どんな状態のこと？」**と聞かれたら、あなたはどう答えますか？

みんなが「幸せになりたい」と口にしていても、いざ「自分にとって、何が幸せなの？」と考えると、すぐに答えられないのでは。どちらかといえば、不満を教えてくださいと言われたほうが楽に答えられるかもしれませんね。

前の章で、カーナビのような宇宙ナビを活用しましょう、というお話をしましたが、そもそも「あなたにとっての幸せ」がなんとなくでもわかっていないとナビの目的地設定ができませんし、目的地（あなたの幸せ）が目の前にやってきていても気づかない、なんてことも起こり得ます。

例えばナツキの場合は、一度目の結婚の前は自分の幸せが何か明確にはわからないまま、「結婚したら幸せになる」「なんらかの結果を出せば幸せが手に入る」ものだと思っていました。だけど、実際に結婚してみてもこれといった大きな変化はなく、「あれ？　結婚したら幸せになれるんじゃなかったの⁉」と、途方に暮れるしかなかったということが実際に起きてしまいました。

そんな感じで、多くの人が、自分にとっての幸せが何なのかを明確にするステップを踏まないまま、ただ「幸せを手に入れている状態」には漠然と大きな憧れを抱きます。みんな、どんなものかわからないものに憧れているわけです。考えてみると不思議ですよね。

さらに、**何を幸せとするかは一人ひとりみんな違います。**

たとえ相手がツインレイという運命のパートナーだとしても、何に幸せを感じるのか、心の奥底で求めている幸せが自分と同じとは限りません。むしろ、違うほうが自然なのです。

大人になって苦労する前に、義務教育で幸せについて教えてくれればいいのに……と文句の一つも言いたいところですが、待っていても誰かが教えてくれるわけではありませんし、そもそも人から教えられるものではありません。なぜなら、自分の幸せ基準は自分にしかわからないからです。結局は、自分で自分と向き合って、自分にとっての幸せは何かを見つめ直す必要があります。

そして、私たちは生きていくうえで、**幸せというものについて定期的に考えたほうがいいのではないか**と思っています。

なぜなら年を重ねて生き方が変わったり、境遇が変わったり、その時々で求める幸せが変わることもありますよね。若いうちは収入だったり、キャリアやステータスかもしれませんが、年を重ねると健康で元気であることが大切になってきます。

今のあなたにとっての幸せとはなんでしょう。なんとなく幸せに対するイメージを描きながら、次の項へと進んでいきましょう。

幸せの4つのエレメンツ（要素）って？

前項にも書いたように、ツインレイと二人で幸せに向かうためには、まずは「あなたにとっての幸せ」を明確にしていく必要があります。そこで、私たちが考える「幸せの４つのエレメンツ」について説明していきたいと思います。

あとで今の自分の幸せの状態をチェックできるワークも用意してありますので、楽しみに読んでみてくださいね。

エレメンツ① 豊かさ…見えるものと見えないもの

豊かさには、目に見えるもの（物質的）と見えないもの（精神的）の２種類があります。

見えるものはお金に代表される資産、見えないものは心の豊かさです。私たちは、二つがそろって初めて豊かさという概念が成立すると考えています。でも、多くの人がどちらかに偏りがちです。それはバランスが整っていない状態にあると言えるでしょう。

資産が多ければ心が満たされなくても幸せ？　そんなわけはありませんし、心があふれんばかりに満たされていればお金がなくても幸せ？　そう言える人もいるかもしれませんが、やっぱりやりたいことを自由にできるだけのお金は必要ですよね。

大切なのはそれぞれの量ではなくて、**二つともが連動している**ことです。ツインレイという関係が、あなたにきちんと二つの豊かさをもたらしているかどうかに目を向けてみてください。

二つのどちらかが欠けていたり、豊かさをもたらすどころかすり減っているようならば、その関係性は見直すべきなのかもしれません。

エレメンツ②

健康…魂の入れ物である体に目を向ける

今まさに、私たち二人で取り組んでいることがツインレイと健康状態の関係性です。突然何を言い出すのかと思うかもしれませんが、体とは私たちがずっと向き合おうとしている魂の入れ物ですよね。でも、ただの入れ物として存在しているわけではなく、そこには密接なつながりがあるのではと思っていました。

体が整うことで魂の状態＝ツインレイの関係性も整っていくのではないかという実験を、日々の生活のなかに盛り込んでいる最中なのです。

はっきりした結論としてお伝えできるのはもう少しだけ先になりそうですが、体が不安定になると心が不安定になって、特に怒りが出やすくなるのを実体験を通して感じています。ナツキは顕著で、シェフという職業柄、腰に負担がかかりやすく、脚を引きずらないと動けないこともしばしばありました。

その時期のナツキは、本当に些細なことで口調を荒くすることが多かったのです。だけど、お店を閉めてシェフ業を控えているうちに痛みが弱まり気にならなくなると、イラ立つことが少なくなりました。

メイはよく不安になるタイプで、その不安をナツキに投影してよくケンカになっていましたが、体を整え始めると、みるみる不安が解消され自分自身に安心できるようになってきたのです。

健康に関しては気持ちとかとらえ方とかの問題ではどうにもならないことばかりなので、医療機関で健康診断を受診するなどして数値的な目線で見ていくことが大切かなと考えています。

言ってみれば、その数値もまた魂からのメッセージですからね。しっかりと受け取ってあげてほしいと思います。

そこから先、どうするかはそれぞれの判断です。心に対しても体に対しても、まず大切なのはうやむやにしないという心がけです。

エレメンツ③　人間関係…素直でいることでより良い環境に変わる

友だちや会社など外側で見せている自分と、家族という内側に向けて見せている自分の姿に大きなズレはないでしょうか。

シチュエーションに応じて自分のふるまいを変えることは、ある程度はあっても良いかと思いますが、もしそれが大きすぎると、やっぱり自分という存在のバランスが崩れてしまいます。

考え方の基準は、どこに向けて存在している時でも**自分が素直でいられるか**どうかだと思っています。自分に素直になること、素直でいることは、ツインレイの関係性を良くするためのアプローチとしてお伝えしてきた通りです。

その取り組みを、ぜひツインレイに対する時だけでなく、身のまわりの人間関係のあらゆる場面において心がけてみてください。

「人間関係ってあまり得意じゃないんだよなあ……」と感じている人は、もしかするとうわべだけの人付き合いを続けてしまっているのかもしれません。「そうはいっても、苦手な人の前で素直な自分を出すのは……」と思われるかもしれませんが、大丈夫です。

以前のメイが実際そうだったのですが、ナツキとの関係性が良くなっていけばいくほど、関わりのある人の顔ぶれが、どんどん自分が楽に素直でいられる人たちばかりに変わっていったのです。素直でいるということは、自分の世界もまっすぐに見られるようになります。あなたの世界は自分の姿が投影されたものだということが、だんだん理解できるようになりますよ。

エレメンツ④ 自己表現…自分のなかで表すだけでも

自己表現というと、絵を描いたり音楽を奏でたり踊ったり……何か普段はしないことをしなければいけないと思いがちですが、例えば、ツインレイに対して沸き起こる「愛している」という感情を表すことも自己表現の一つです。

だからぜひ、大切なパートナーに対して自分の想いを伝えてみてください。それだけでも味わえる温かな気持ちがあることに、気づけるはずです。

でも、それを我慢してしまう人もとても多いことを知っています。

そんな時は、まずは自分のなかで、お相手を思う気持ちを認めて受け入れてあげることから始めてみましょう。ちなみにメイは愛していると伝えることが下手だったのですが、ナツキはことあるごとに伝えてくれます。ナツキのおかげで愛を伝えられるようになり、表現が豊かになっていることに気づきました。

またSNSを利用している人であれば、外の世界に向けて発信している自分と、実際の自分との間に大きな相違がないか、改めて考えてみましょう。

そのズレが大きければ大きいほど、自分という存在としてのバランスが取れなくなってしまっています。表向きの自分だけが独り歩きして、いつのまにか暴走してしまわないように、この機会にひと呼吸おいて現状を見つめてみることをおすすめします。

幸せに近づくために何か派手な表現をしようとしなくて大丈夫です。

美味しかったら美味しい、楽しかったら楽しい、悲しかったら悲しい、というシンプルな感情の変化を言葉や表情に出す。それもまた立派な自己表現。そんな表現を通じて、新しい自分にもきっと出会えるはずです。

なので、今の自分にできる自分らしい表現で、一つひとつ丁寧に取り組むことを大切にしてください。

幸せのバランスチェックをやってみよう

私たちは、常に幸せを求めて、幸せになるために行動しているはずなのに、願っていたことを達成しても、幸せは一瞬で終わってしまったり、思ったほど幸せじゃなかったり。そんなふうに感じている方も多いのではないでしょうか。

前に書いたとおり、幸せの大きな特徴として、「人それぞれで幸せと感じるものが全く違う」というものがあります。つまり**誰かの幸せを参考にして追い求めても、自分に完全に当てはまるとは限らない**のです。

昭和の男・ナツキの若かりし頃は、結婚すること、子どもをもつこと、そして一戸建てのマイホームをもつことが幸せだと、多くの人がそう思っていたものでした。しかし、令和の今、それを幸せと思う人は、あまりいないかもしれません。

幸せは、時代とともに移り変わるものでもあるからです。

だから、ツインレイと二人で幸せに向かうためには、今のあなただけの幸せを、まずは明確にしていく必要があります。


幸せとは、前の項でご説明した4つのエレメンツ、①豊かさ（物心両面）、②健康（心身両面）、③人間関係（公私の両面）、④自己表現（リアルとネットの両面）、**すべてのバランスが整った状態**です。

どれだけお金持ちでも、人間関係がボロボロだと人は幸せを感じません。

また、金銭面では苦しくても、家族がとても仲が良く、温かい家庭環境を体験している人は、幸せを感じる時間は長いことでしょう。

そして、経済的な豊かさも良好な人間関係もあるけれど、健康面で不安を抱えていたら、人生はすべて不安に見えてしまいますよね。

このように、幸せが実感できるためには、それぞれが単純に多いか少ないかではありません。4つのエレメンツのバランスが整うことで、さらに幸せを感じられるようになるでしょう。

目的地を設定するには、まず自分の現在地を知る必要があります。今、自分がどんな状態なのかを見つめてみましょう。

現在地が見えたら、あなたの人生の目標のナビ設定が完了し、自動操縦ができるようになってくるのです。そのためのプロセスだと思っておきましょう。

それではさっそく、そのバランスを視覚化するワークをしてみましょう。

これからチェックポイントを挙げますので、5段階評価で点数をつけてみてください。満足していたら5、まあまあだったら3、不満しかなかったら1、という感じで評価してみましょう。

項目ごとの合計点数が出たら、102ページの可視化マップに書き入れ、それぞれ線で結んでください。

現在のあなたの状態を見て気になるところはありますか？

ショックや怒り、罪悪感や絶望感を感じたり、はたまた満足や達成感もあるでしょう。それらはすべて、あなたに必要な反応です。評価が低いからといって悪いわけではありません。幸せな未来に向けてのスタート地点が見えてきたわけですね。

評価をしていて特に感情が動くところは、**「注目して欲しい」「そこ大事！」という潜在意識からのサイン**なので、ぜひそのまま感じていただきたいです。

あなたは、自分の心の状態に向き合うという、とてもむずかしい行為をしている勇気ある人です。このバランスチェックができただけでも、あなたは素晴らしい人であることをお伝えしますね。

次に、もしツインレイのお相手がいるなら、お相手の幸せも見てみましょう。もちろん本人じゃないとわからない部分もありますので、この時点ではあなたから見えるお相手の幸せを想像して評価していただければ大丈夫ですよ。

そして同様に、１０３ページの可視化マップに記入してみましょう。

あなたの幸せバランスチェック

Check 1

豊かさについて

物質的な豊かさ

1
欲しいものが買えていますか？　それとも欲しくても我慢ばかりですか？
点

2
行きたいところに旅行に行くことができますか？　それともどこにも行けませんか？
点

3
学びたい時に学ぶことができていますか？　それとも学ぶことを諦めていますか？
点

4
貯蓄や資産はありますか？　それとも、働かなければすぐに困ってしまいますか？
点

合計　点

精神的な豊かさ

1
素直に出来事、風景、人柄に感動できますか？　それとも何を見ても同じように見えて、心は動きませんか？
点

2
景色や物の美しさを認めて、楽しむことはできますか？　そもそも関心が起きませんか？
点

3
人生を楽しめていますか？　それとも仕事や人生の恐れや不安でいっぱいでしょうか？
点

4
困っている人に手を差し伸べられますか？　道で人が迷っていても、見えないふりをして通り過ぎてしまいますか？
点

合計　点

5 満足
4 やや満足
3 普通
2 やや不満
1 不満

Check 2 健康について

体の健康

合計　　点

1 健康状態に満足していますか？　それとも不調や気になるところはありますか？　　点

2 朝、目覚めが良いですか？　それともなかなかベッドから出られなくて困っていますか？　　点

3 美味しくご飯を食べることができていますか？　それとも食欲がありませんか？　　点

4 ぐっすり眠ることができ目覚めもいいですか？　それとも寝つきが悪いですか？　　点

心の健康

合計　　点

1 明るく朗らかに過ごせていますか？　それとも悪い想像が先立ってしまい、悩みがちですか？　　点

2 人の発言を素直に受け取れますか？　それとも言葉の裏を考えすぎて、不安や不信感を深めたりしていませんか？　　点

3 気分転換は上手ですか？　それともいつまでも落ち込み続けてしまいますか？　　点

4 やる気で満ちていますか？　それとも重い腰が上がりませんか？　　点

5 満足
4 やや満足
3 普通
2 やや不満
1 不満

Check 3 人間関係について

外の人間関係

合計　　点

1
同僚やクラスメートとの人間関係は良好ですか？　それともギスギスしていて、出勤や通学時に足がすくんでいませんか？
点

2
上司や先生との人間関係は良好ですか？　それとも忖度ばかりして、気持ちや意見は飲み込んでいませんか？
点

3
店員さんや駅員さんに笑顔で接することができていますか？　それともイライラして、粗探しをしてクレームをつけがちですか？
点

4
初対面の人とも気軽に話せますか？　それとも緊張して固まってしまいますか？
点

内の人間関係

合計　　点

1
両親や兄弟姉妹が好きですか？　それとも嫌いですか？
点

2
親戚付き合いはできていますか？　それとも音信不通ですか？
点

3
お子さんがいたら、お子さんと話はできていますか？　それとも会話がないでしょうか？
点

4
お墓参りやご先祖様に手を合わせていますか？　それともしばらくしていませんか？
点

5 満足
4 やや満足
3 普通
2 やや不満
1 不満

Check 4 自己表現について

リアルな世界での自己表現

合計　　点

1
すべての人と話ができ、思ったことを伝えていますか？　それとも話ができなくて没交渉でしょうか？
　　点

2
気分が盛り上がったら歌ったり踊ったり表現できますか？　それとも自制してしまいますか？
　　点

3
あなたの好きなことをできていますか？　それとも人から何か言われるのが怖くてできていませんか？
　　点

4
嫌だと思うことは嫌だと伝えられますか？　それとも我慢してしまいますか？
　　点

インターネット内での自己表現

合計　　点

1
自分の意見や思いをSNSなどで発信していますか？　それともアンチを恐れて、なにも発信していませんか？
　　点

2
自分が撮った写真をアップしていますか？　それとも自信がなくてしまいこんでいますか？
　　点

3
いつもの自分を表現できていますか？　それとも別人になっていますか？
　　点

4
共感や感動したときに「いいね」などのリアクションしていますか？　それともスルーしてしまいますか？
　　点

5 満足
4 やや満足
3 普通
2 やや不満
1 不満

あなたが感じる

お相手の幸せバランスチェック

Check 1

豊かさについて

物質的な豊かさ

1 欲しいものが買えていますか？　それとも欲しくても我慢ばかりですか？　点

2 行きたいところに旅行に行くことができますか？　それともどこにも行けませんか？　点

3 学びたい時に学ぶことができていますか？　それとも学ぶことを諦めていますか？　点

4 貯蓄や資産はありますか？　それとも、働かなければすぐに困ってしまいますか？　点

合計　点

精神的な豊かさ

1 素直に出来事、風景、人柄に感動できますか？　それとも何を見ても同じように見えて、心は動きませんか？　点

2 景色や物の美しさを認めて、楽しむことはできますか？　そもそも関心が起きませんか？　点

3 人生を楽しめていますか？　それとも仕事や人生の恐れや不安でいっぱいでしょうか？　点

4 困っている人に手を差し伸べられますか？　道で人が迷っていても、見えないふりをして通り過ぎてしまいますか？　点

合計　点

5 満足
4 やや満足
3 普通
2 やや不満
1 不満

Check 2 健康について

5 満足
4 やや満足
3 普通
2 やや不満
1 不満

体の健康

合計　点

1
健康状態に満足していますか？　それとも不調や気になるところはありますか？
点

2
朝、目覚めが良いですか？　それともなかなかベッドから出られなくて困っていますか？
点

3
美味しくご飯を食べることができていますか？　それとも食欲がありませんか？
点

4
ぐっすり眠ることができ目覚めもいいですか？　それとも寝つきが悪いですか？
点

心の健康

合計　点

1
明るく朗らかに過ごせていますか？　それとも悪い想像が先立ってしまい、悩みがちですか？
点

2
人の発言を素直に受け取れますか？　それとも言葉の裏を考えすぎて、不安や不信感を深めたりしていませんか？
点

3
気分転換は上手ですか？　それともいつまでも落ち込み続けてしまいますか？
点

4
やる気で満ちていますか？　それとも重い腰が上がりませんか？
点

Check 3

人間関係について

外の人間関係

合計　　点

1

同僚やクラスメートとの人間関係は良好ですか？　それともギスギスしていて、出勤や通学時に足がすくんでいませんか？

点

2

上司や先生との人間関係は良好ですか？　それとも忖度ばかりして、気持ちや意見は飲み込んでいませんか？

点

3

店員さんや駅員さんに笑顔で接することができていますか？　それともイライラして、粗探しをしてクレームをつけがちですか？

点

4

初対面の人とも気軽に話せますか？　それとも緊張して固まってしまいますか？

点

内の人間関係

合計　　点

1

両親や兄弟姉妹が好きですか？　それとも嫌いですか？

点

2

親戚付き合いはできていますか？　それとも音信不通ですか？

点

3

お子さんがいたら、お子さんと話はできていますか？　それとも会話がないでしょうか？

点

4

お墓参りやご先祖様に手を合わせていますか？　それともしばらくしていませんか？

点

5 満足
4 やや満足
3 普通
2 やや不満
1 不満

Check 4

自己表現について

リアルな世界での自己表現

1
すべての人と話ができ、思ったことを伝えていますか？　それとも話ができなくて没交渉でしょうか？
点

2
気分が盛り上がったら歌ったり踊ったり表現できますか？　それとも自制してしまいますか？
点

3
あなたの好きなことをできていますか？それとも人から何か言われるのが怖くてできていませんか？
点

4
嫌だと思うことは嫌だと伝えられますか？　それとも我慢してしまいますか？
点

合計　点

インターネット内での自己表現

1
自分の意見や思いをSNSなどで発信していますか？　それともアンチを恐れて、なにも発信していませんか？
点

2
自分が撮った写真をアップしていますか？　それとも自信がなくてしまいこんでいますか？
点

3
いつもの自分を表現できていますか？それとも別人になっていますか？
点

4
共感や感動したときに「いいね」などのリアクションしていますか？　それともスルーしてしまいますか？
点

合計　点

5　満足
4　やや満足
3　普通
2　やや不満
1　不満

あなたの幸せ可視化マップ

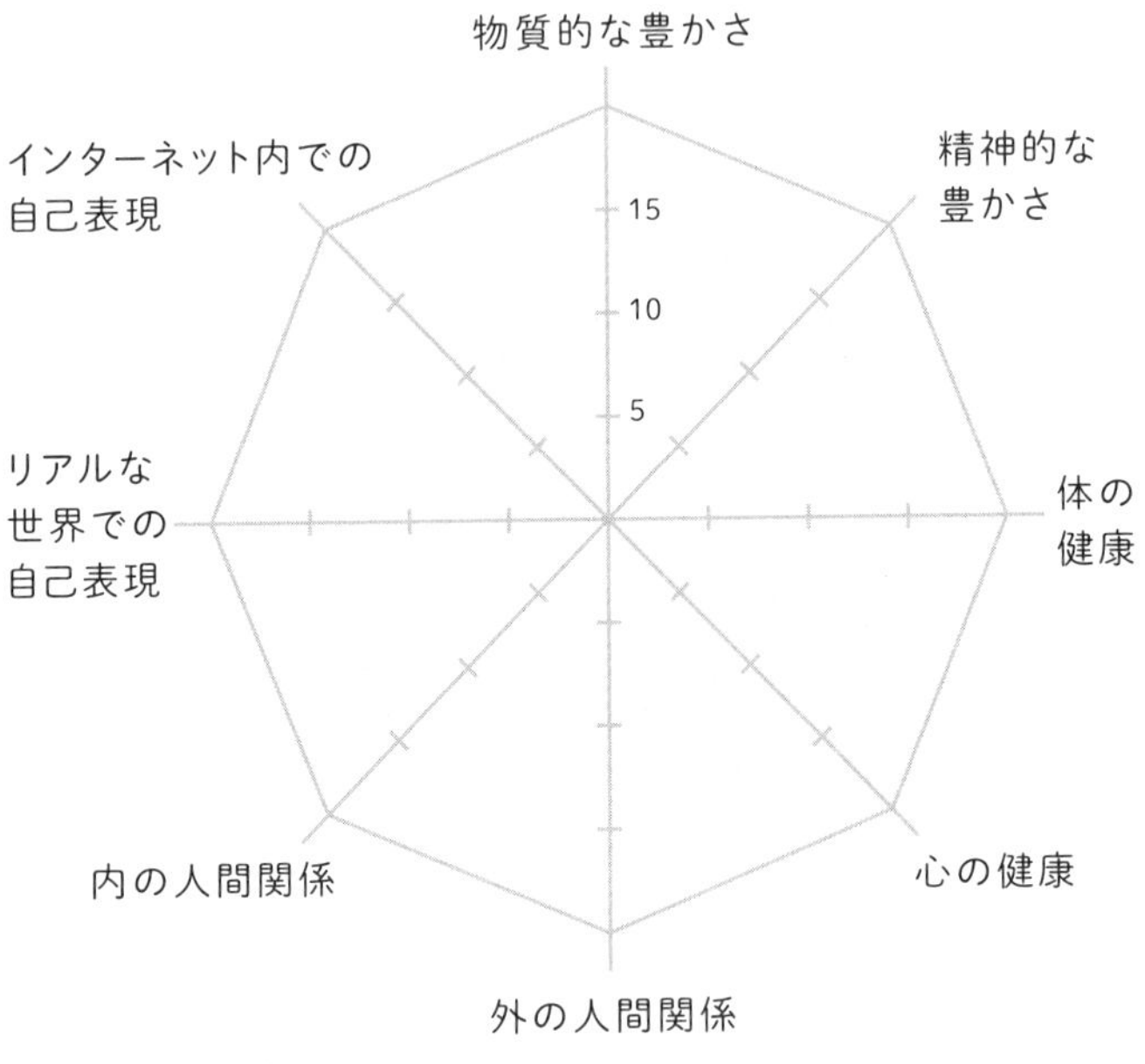

★ 気づいたことを自由に書いてみましょう。

あなたが感じる

お相手の幸せ可視化マップ

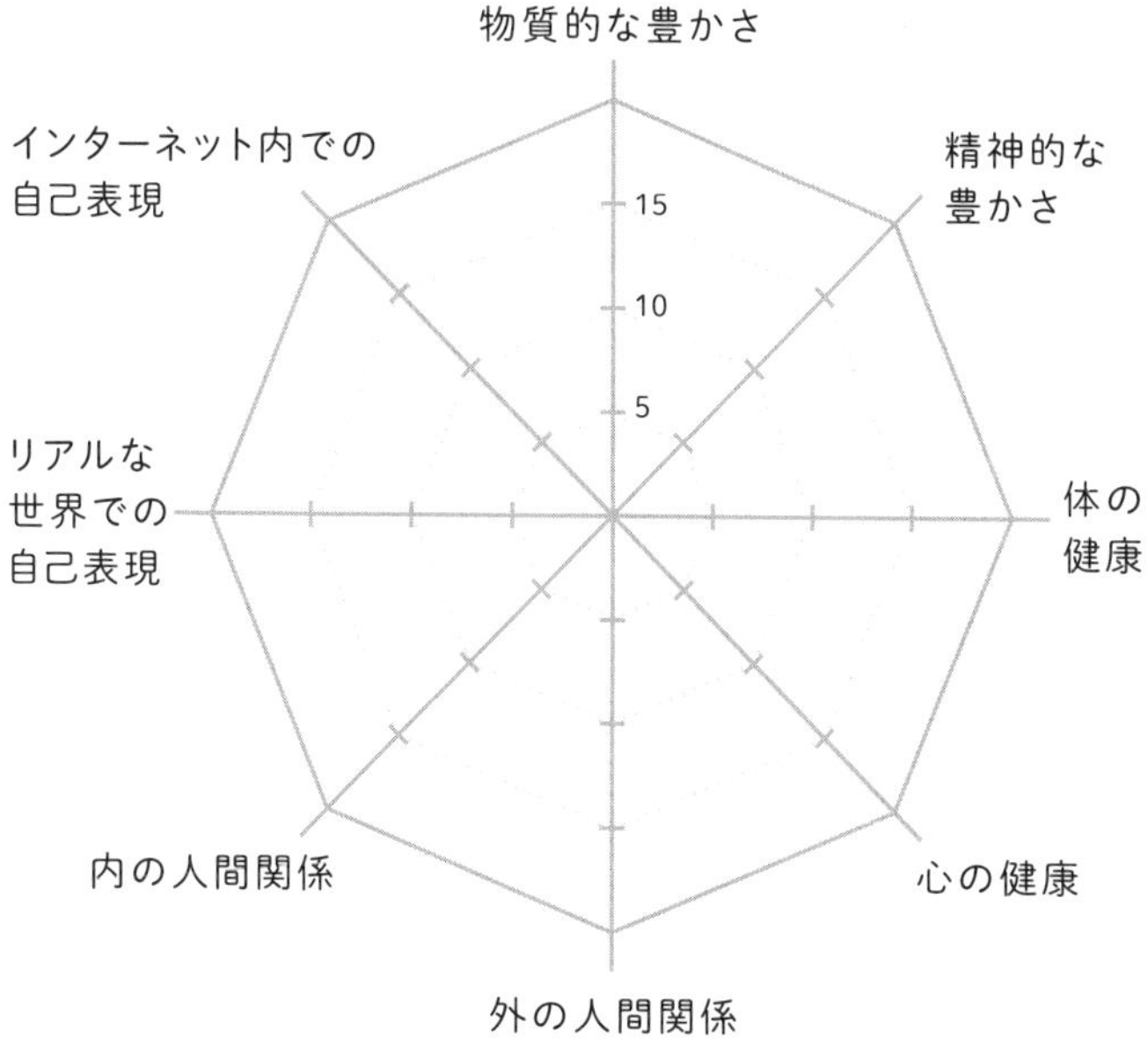

★気づいたことを自由に書いてみましょう。

いかがでしたか？　自分やお相手の「今の」幸せの状態が可視化されて、自分を見つめ直すきっかけになったのではないでしょうか。

お相手の幸せ評価が見せてくれるのは、お相手の現状だけではなく、実は、あなたの可能性です。ツインレイは同じ魂をもつ唯一無二の二人。もう一人の自分でもあります。具体的な仕事や表現方法は違っても、**お相手とあなたには、同じだけのポテンシャルが存在します。**

もし、あなたよりお相手が大きくなっている部分があるならば、そこにはあなたの伸び代が存在しています。そして、**あなたも知らない才能が隠れている**ことを、ツインレイを見て知ることができるのです。

お相手があなたより小さくなっている部分があるならば、そこはあなたがお相手に伸ばし方や可能性を気づかせる使命があなたにあるということ。

あなたが存在するからこそ、お相手はこれから自分を開き伸ばしていくことができるのです。時間は少しかかるかもしれませんが、いずれ必ず伸びてくることを信頼しましょう。

そしてお相手と全く同じ部分がある場合、すでにシンクロが起き始めているのではないでしょうか。共通の話題や、共感するところがあり、距離は近くなり始めています。二人でこれからさらに伸ばしていける部分でもありますから、可能性を感じていきましょう。

メイとナツキは一緒に暮らしていくなかで、メイができない時はナツキが、ナツキができない時はメイが補う、ということが頻繁にあります。

メイの産前産後、ナツキはシェフとして働いていました。家庭のなかでメインで仕事をするのはナツキで、メイはサポートをする役目でした。

子どもが大きくなるにつれ、メイの活動の場が広がってきた時は、ナツキが家庭のサポートをしてくれています。ツインレイの場合、どちらかだけが光るのではなく、どちらもそれぞれの在り方で輝く道があります。そのことをお互いが理解し合い、お互いの道を尊重し、サポートし合えれば最高のツインレイカップルとなります。

ですから、お相手がすごい人だからと言って、自分を卑下する必要など全くないのです。お相手がすごい人であればあるほど、あなたにもそのポテンシャルが隠されているということ。

それをツインレイであるお相手が教えてくれているのです。

今は何が隠れているかわからなくても大丈夫。今あなたがすべきことは、自分の光を受け入れ、相手の光も受け入れること。

ツインレイは、同じ魂をもつ二人ですから、**タイムラグがあっても最終的に連動していきます。**宇宙とあなたたちの魂の可能性を信頼して、自分をどんどん使っていきましょう。

幸せの4つのエレメンツを伸ばす方法

ワークをやってみて伸ばしたい分野はわかったけれど、具体的にはどうしたらいいかわからない。そんなあなたのために、各分野でのおすすめのアクションをご紹介しますね。

豊かさをアップさせたい

まず、豊かになった自分はどんな自分でしょうか。そのイメージをしっかり描くところからスタートしましょう。住まい、ライフスタイル、収入など、それらを具体的にノートに書き出してみてください。理想の住まいの写真などを貼り付けて、視覚化させるのもいい方法です。

あなたの豊かさに対する夢や希望が、ツインレイにつながり、将来につながっていくことがあります。なので、「そんなことありえない」と言われるようなことでも大丈夫。あなたがちゃんと未来にこうなっていたい、そう思うならば、宇宙は必ず用意してくれます。

あなたが生きている間に得たい豊かさを、実験だと思って楽しんで思い描いてみましょう。すると必ず直感がやってきます。それを次から次へと行動に移していきましょう。宇宙はあなたに幸せになってほしくて、そして豊かさを与えたくてうずうずしていますから、直感に従って気楽にトライしてみましょう。

健康をアップさせたい

ツインレイに出会うと、体調の変化が訪れる方がいます。メイもその一人で、ナツキと再会してから数ヶ月は不思議な体調が続きました。

肉体をもったまま、魂レベルのパートナーに再会するのですから、今まで通りにはいかないことが増えてきます。

ごく普通の人間だと思って暮らしてきたのに、自分自身が魂の存在だと気づくということは大きな覚醒体験です。食べ方が変わったり、不食になったりする方も存在します。そこから霊能力が開花される方も多いです。

自分の次元が変わる時、肉体のことをおざなりにしてしまいがちです。

せっかくツインレイと出会ったのに体調が悪くなって会えないというお話も時々伺います。覚醒していくエネルギーを体が支えられなくなっているのです。それはとてももったいないことですよね。

メイとナツキのおすすめは、まず腸内環境を整えること。エネルギーのあるものを体に入れ、しっかりと排泄すること。血液を体内に循環させること。体内が循環し始めると、自分の周りにも循環が起こってきます。

腸内環境を整えるのには、発酵食品もそうですし、デトックスを促すアロエ商品もとても良いと思います。アロエはクレオパトラが愛用していたり、テンプル騎士団がエリクサー（霊薬・万能薬）に使用していたという記録もあるほどで、長年使用されてきた歴史がある植物です。また非常にスピリチュアルな植物でもあり、邪気を払う効果もあるそうです。

良い体調はポジティブな発想や姿勢をあと押しします。逆に体調が悪い時は、なぜかイライラしたり、落ち込んだりしてしまう傾向があります。なので、相手にいつまでも文句を言ってしまったり、自分を責めて落ち込んでしまう時は、ご自身の体を一度見つめ直すと良いと思います。

人間関係をアップさせたい

ツインレイと出会うと、周囲の人間関係がガラッと変わってくることがあります。今まで友人だと思っていた人たちとエネルギーがズレてしまい、なかなか会えなくなり、新しい高エネルギーな友人たちができ始めますので、どんどん人間関係は心地よくなるでしょう。

あなたが今、人間関係がしんどいと思っているのであれば、それは今のあなたのエネルギーに合っている人が周りにいないだけ。ちゃんとあなたが満足できるエネルギーをもっている人に会いにいくと良いと思います。ツインレイに会うとあなたのエネルギーは拡大し、知らない間に拡散されていきますから、必ず会うべくして会う人に会えるようになってきます。

人間が怖いという方も安心してください。あなたの恐怖心は、実は誰かの恐怖心でもあります。実はみんな、人が怖いのです。私たちは恐れのなかで生きていると言ってもいいかもしれません。

メイも「みんな怖いのだ」ということに気がついたら、安心して人と接することができるようになりました。こちらから声をかけようという気持ちになりました。繊細なあなたには、ほかの人の感情が入り込むことがありますから、すべての感情を自分のものだと思いすぎないことはとても大切です。

あなたは光の存在で、癒しの存在です。それを忘れないでくださいね。

自己表現をアップさせたい

まず一番大切なのは、「心に浮かんだことを実行できているか」ということです。表現をするということは、自分のエネルギーを外に出して、循環をするといううこと。まずは自分の内側に循環を起こすことが必要になってきます。

ほんの小さなことでも思ったことを行動に移すことは、あなたの魂の声を大切にすることでもあるのです。

相談者さんのなかに、子どもの頃にリカちゃん人形が大好きだった方がいらっしゃいました。でも、大人になって全部手放されたそうです。そこで、「リカちゃん人形をもう一度買ってみたらどうでしょうか？」とアドバイスしたところ、すぐに買いに行かれたと嬉しいご報告をいただきました。

その方は、大人だからお人形なんて……と思い込んでいたのですが、メイの言葉に背中を押され「なんで欲しいものを欲しいと言えなかったんだろう？」と自分を見つめ直すきっかけになったとのことでした。その後、占い師としてデビューされて、本来の自分の〝好き〟を大切にご自身の道を歩まれています。

あなたが小さな頃からやりたかったことや、諦めたこと、そこにはあなたを輝かせる鍵が隠れている可能性があります。今からやってもなあ、と思うかもしれませんが、ぜひ一度トライしていただきたいです。

自分の心に従えるようになると、今度は思ったことを伝えることができるようになります。大好きな人には、つい頭で考えて相手に気に入られるような言葉を探してしまいがちですが、実は頭で考えて作った言葉って、相手のハートに伝わりません。相手に伝わるようにするには、あなたが心から思っていることを伝えるのが一番早いし、確実なのです。

あなたが心から想い、感じることには意味があります。それは魂が望む道であり、方向性であるのです。あなたがあなた自身の思いを誰よりも大切にし、行動に移してあげることができる唯一の存在です。

あなたの魂は、あなたを心から頼りにしています。ぜひ、あなたの内側からあふれてくるキーワードを大切にしてあげてくださいね。

魂が望んでいる幸せとは？

頭で考える幸せと、魂レベルで内側で感じたい幸せは別物です。大切なのはその二つが別物だとわかっておくことだと思っています。

それらが別物だという体験をしたエピソードをお伝えしますね。

メイは長年、ビジョンレッスンという瞑想に取り組んでいます。それは、自分が叶えたいビジョンを瞑想中の潜在意識のなかで見ることができれば必ず叶う、というものです。

取り組み始めたのは、まだ以前の夫と婚姻関係にあった時期で、ナツキと再会する前のこと。その時に私が叶えたかったのは当時の家族で大きな家に住むというビジョンだったのですが、いざ瞑想をして出てきたのは、夫ではなくまさかのナツキでした。その当時、ナツキのことはまだ単なる友人としか思っていなかったので、びっくりしたことを覚えています。

その半年後にナツキと再会してツインレイだと気づき、振り返ってみればその瞑想をした一年半後に、その時のビジョンが現実となっていたのです。

頭で幸せを考えることが無意味だと言いたいわけではありません。考えることは自分の本当の気持ちと向き合うプロセスなので、ワクワクを大切にしていただきたいです。でも、頭で考えた末に導き出した自分が思う幸せを、

「それこそが自分の幸せなんだ」

と強く思い込んでしまうのは違うよ、とお伝えしたいと思っています。

そう思い込んでしまったら、本当に魂が求める幸せがやってきた時に「これは違う！」と言って跳ねのけてしまうかもしれませんからね。

最初から魂が望むものを感じ取れたらいいのですが、人間として生きている限り、それはむずかしいんじゃないかなと私たちは思っています。

例えるなら、

・頭で感じる幸せは、自分でそこに行こうと決めた停車駅

・魂が求める幸せはその先にある終着駅

といったところでしょうか。

停車駅の先にも駅があることがわかっていれば、目的地だと思っていた停車駅を寝過ごしてしまっても、ああここに着いたのかと受け入れられますよね。

ツインレイと出会ったことを皮切りに、今まで特別気にも留めずによくある言葉として使ってきた「幸せ」について考えるようになったのならば、それもまたツインレイがもたらしてくれた魂の成長なのだと思います。

メイもナツキと再会してからともにすごした時間を経て、幸せな人生とはこういうことなんだという感覚を心から得られるようになりました。それを感じられるようになったからこそ見えてきたのは、以前の私は、幸せとは成果の先にあるものだと思い込んでいたということです。

「年収が○○円になったら」

「ダイエットに成功したら」

「大きくて素敵なお家に住めたら」

……そんな方向性でしか考えられていなかったことに気づきました。

本当の私の幸せは、五感をフルに使って、ポジティブもネガティブもあらゆる感情を受け止めて、自分に起きることすべては流れのなかの一つであると肯定して生きていける状態にあります。自分の内側から出てくるものが、自分の人生を作っていくような……。

これは、ナツキと出会ってから初めて得られた、**隙間なく満たされていくような幸せの感覚**でした。

そう、感覚なんです。

幸せって、はっきりとしたかたちをもったものではないんじゃないかな、というのが、私たちがいまとらえているものです。

私たちは知らぬ間にマーケティングに毒されていて、幸せに関しても「こういうもの」と言い切れる一つのかたちしかないと思い込んでしまいがちです。

だけど、実際には**10人いれば10通りの幸せがある**わけです。まずは、この思い込みから脱却するところから、ではないでしょうか。

この本では、思い込みを外し、自分にとっての幸せとは何かを探る〈ツインレイと幸せになるための7つのワーク〉（131ページ〜）を準備しました。ぜひ取り組んでみてください。

思い込みが外れれば、そのあとは自分の好きなことや望むことを磨いていく作業に近いのかなと思います。

思い込みを外すという部分では、ツインレイのお相手に対してもそうです。メイが感じている幸せはナツキにとっても幸せに感じる部分がありつつも、完全一致ではありません。**それぞれに異なる幸せをもっていて当たり前なのです。**

にもかかわらず、「ツインレイなんだから、私の幸せはそっくりそのままあなたの幸せでしょ！」と思い込んでしまうと……？　ツインレイは固定観念を溶かして枠を広げようとする存在であるため、新たな衝突を生む一因となります。

衝突を乗り越えた先には二人の成長が待っているだけなので、ぶつかったとしてもそれはそれで問題はありません。

ただ、せっかくここで本書を読んでくださっているのだから、スタートの時点でそれぞれで幸せのかたちが違うことを理解して、違う部分に関しては譲歩や歩み寄りの意識をもっておくと、ぶつかるよりももっと速いスピードで統合に進んでいけるのではないかな、と思います。

幸せは我慢の先にあるもの？

相談者さんからのお声でもよくありますし、メイとナツキ自身も強くもっていたのが**「自分が我慢すれば、みんなが幸せになる」という思い込み**です。これもまた、ツインレイとの出会いによって大きな強制力をもって崩されました。

前著に詳しく書きましたが、私たちがツインレイだと気づいた時、メイには家庭がありました。妻であり母である私が、今から別の人と一緒になることを選んだら家族はなんて思うのか、子どもはどんな気持ちになるのか、たくさんの人に迷惑をかけるんじゃないか、というのが最初に頭に浮かんだことでした。

また、メイは幼少期、女性は我慢する生き物だと思い込んで生きてきました。地方都市の山あい、いわゆる田舎特有の世界観のなかで培われた感覚では、女の我慢をすれば家庭円満は保たれるというのが当時の正しい在り方だったのです。

じゃあそこからどうするのか。答えは、**それを望むか否か**だけのことです。

「私が我慢をすれば、続けて誰かも我慢をする」

気づけばみんなが少しずつ我慢する世界になっているのを、メイは自分の家庭を振り返って感じていました。

我慢の先にある幸せなんて、本当にあるのかな？　本当のところはどうしたい？　どういう世界にあなたは行きたいの？


自分自身に問いかけた答えは、「私は私を幸せにしたい」でした。

そして、「私が率先して幸せを選ぶことで、続けて誰かも幸せを選んで、気づけばみんなが幸せを選ぶ世界に行きたい」でした。

そして選んだ道を進んだ先が、今です。

結局誰にも迷惑をかけなかったのか、と言われればそんなことはありません。

子どもたちも今ではとても心豊かにすごしていますが、一時期は不安を感じさせたこともあったと思います。

でも、多少の痛手を負いながらも進んだ先で、今みんなが笑顔で暮らすことができているわけですから、私がずっと抱えてきた「自分が我慢すれば、みんなが幸せになる」は、思い込みにすぎなかったということがよくわかります。

そしてそれは、子どもたちにもきっと伝わっていると思えています。

思い込みを剥がしていく作業は、マトリョーシカを開けていくような作業です。たくさんの鎧をまとうことで今世を生きる人間として大きく成長していった自分。そこから一つずつ時間をかけて必要ないものを削ぎ落としていた結果、とても小さな、でも本来の光り輝く自分の姿が出現します。

出会ったツインレイは、初めから外枠ではなくその小さな本来の自分に向けてすべてを訴えかけているのだと思います。だから、ツインレイが引っ張ってくれる道が、本当の自分が、魂が進みたいと望む道だと信じてあげてくださいね。

ネガティブ感情は明るい未来がくるサイン

一般的に、ネガティブな感情というのはできる限り触れたくないものとして扱われますよね。浮かんできたらすぐに取り払いたくなるし、気分転換をしたくなるし、そもそもわき起こってくるのすら抑えたいという方も多いと思います。

だけど、実はネガティブというのはとても面白くて、わき起こったネガティブ感情を一度しっかりと味わい切らないと、次に新しい経験をさせてもらえないんです。

メイの感覚をシェアすると、ネガティブ思考に落ち込んでいる時って、**自分の心のなかの奥底にグーッと潜り込んでいくような感覚**なんです。

落ち込むほどに潜在意識のなかへ吸い込まれていくような、まるでゾーンに入っていくようなイメージです。

深い海の底のようなところにたどり着いたピンポン玉が、しばらくすると水面上に勢いよく飛び出してくるように、思いもしなかったひらめきがやってきたり、次に進めるような動きが起こったりするのです。これは実際にメイとナツキの両方に、互いに再会してツインレイだと気づいたあとから、**何度も繰り返し起こっている現象**です。

例えば、ナツキが仕事で大きな問題を抱えて、かなり落ち込んでいた時のことでした。メイは先に同じような経験をしてネガティブを味わい切ることの効力を理解していたので、廃人のような状態にあるナツキに「絵を描いてみたら?」と声を掛けました。

実は以前にナツキがネガティブな感情に支配されている時に描いた絵のイメージが、そのまま現実になったことがあったのです。メイはそれを見て、ナツキは落ち込んで自分のなかに潜っているタイミングのほうが、宇宙とつながる力が強まるんだと感じていました。

だから、もう一度描いてみたらと提案をしてみたのです。

渋々ながらもナツキが描き出した絵は、白い2階建てのテラスのある家でした。

翌朝、その絵をもう一度手にとって見てみると、知らない間にコーヒーがこぼれてしまったようで染みになっていたのですが、それがまるで猫のかたちをしていたんです。とても不思議でしたが、意味もわからずそのままにしていました。

しばらくして知り合いの方から「空いているカフェがあるんだけど、そこでお店を始めてみたら？」と声をかけられました。現地に行ってみると、そこには猫が住み着いていて、その後も猫好きのナツキがかわいがりながらごはんを与えていたら、やがて子が4匹産まれました。

ところがオーナーさんからは怒られてしまい、慌てて二人で里親に出すことに。何とか無事に4匹全員の引き取り手を見つけたところで、その活動を目にした方から別の4匹の里親探しを依頼されたりもして（笑）。

計8匹の猫の住む家を探し当てたタイミングで、その場所でこれ以上の営業は建物の経年劣化によりむずかしいと判断せざるを得なくなりました。

じゃあ次のところを探そうとなった時、急に紹介されたのが、ナツキが描いた絵の雰囲気そのままの物件でした。


ネガティブになっている時は、思考が働きません。思考が働かないとエゴも幅を効かせなくなります。そのぶん、潜在意識にフォーカスしやすくなるんだと感じています。**本当の望みが見えてきたり、今行くべきところが直感的にわかったりする**ということを、メイの体験はもちろんのこと、この時のナツキを通しても感じられたので、確信を得られた部分があります。

今では、ネガティブな局面がやってきたら、**新しい人生のウェーブがきたんだな**とむしろワクワクするようになりました。ケンカをしていても、お互いにすごく嫌だと思っているしイライラもしているのに、どこかで、

「これはまた新しい動きが出てきたぞ……」

と感じています。何だか変な二人ですね（笑）。

皆さんにも、ネガティブと向き合うことが、豊かさや幸せにつながっていることをここで知ってもらって、ネガティブ感情を排除するのではなく、ぜひ有効的に活用していっていただけたらと思います。

陰陽の話にも関係してくるのですが、**この世界では光を体験する前には必ず闇を体験するようになっています。**ずっと光というのはあり得ません。むしろ、闇があるからそれが光だと感じることができるわけですね。

私たちは、あらゆることにおいてバランスのなかに生きています。

だから、ポジティブは良いものでネガティブを悪いものというような偏ったとらえ方はせずに、両方が必要で両方が大切なものとして取り扱っていくことで、均衡が保たれます。

このような意識ももっておくと、よりネガティブな感情と付き合いやすくなるかと思います。

「幸せになる」と意図する

本書は、ツインレイとの真の幸せをつかむことにフォーカスをしていますが、「ツインレイとの出会いの先にはツインレイならではは苦悩が待っている」という印象ばかりがつきやすいかも、という懸念がずっとあります。

もちろん皆さん、きちんと理解して私たちが意図することを感じ取ってくださるだろうと信じてはいるのですが、ここで改めて言葉にしてお伝えしておきたいと思います。

私は幸せになる、と意図してください。

「こんな私でも幸せになれるのかな?」「ツインレイであるあの人が、私を幸せにしてくれる」……ではなくて、「私は幸せになる」と自分で決めることが大切なのです。

いくらツインレイがあなたと幸せになろうとしても、あなた自身が幸せになろうとしていなければ、意思の不一致により二人の幸せは不成立↓順延となってしまいます。

前もって幸せを設定しておくことでもし試練がやってきたとしてもすべては望みを叶えるための通過点であるととらえやすくなると思います。

試練を乗り越える過程で本当の自分、根源にある魂という想像を遥かに超えた尊い存在にどんどん近づいていきます。成長のチャンスでしかありませんよね。

成長のチャンスだととらえられるようになると、自分が変わる必要が出てきた時に柔軟になれるというか、謙虚にいられるようにもなります。そうなったら進化スピードは一気に加速するでしょう。

それからもう一つ、お伝えしたいことがあります。

壁にぶつかると、二人の間でうまくいかないことばかりに意識が向いてしまいます。相手には家庭があるとか、年齢差が大きいとか、一緒になるには自分の環境をすべて手放さなければいけないとか……。乗り越えるべき壁ばかり目に入ってしまいがちです。

一方で、**出会ったことによって手に入れたものも同じくらいたくさんある**はずなんですよね。数は少なかったとしても「これさえあればほかには何もいらない」とすら思えるくらい大切なものを受け取っているのではないでしょうか。

メイもナツキと一緒になろうとしている時、離婚のプロセスは心が折れそうになったことがあります。その時に何度も思い出していたのは、ツインレイとして再会できた奇跡の体験でした。この体験があったからこそ、勇気を出すことができたのです。

あなたが未来に意図した幸せのカケラは、あなたのなかにちゃんとあるはず。今世、同じ時代に生まれていることもまず素晴らしいこと。そのことに感謝をしていきましょう。

ツインレイと幸せになるための7つのワーク

ここで、ツインレイと幸せになるための7つのワークをご紹介します。

世のなかには、どんどん幸せを引き寄せているように見える人がいますよね。

そういう人は何が違うのだと思いますか？

それは、その方がすべてにおいて幸せな目線をしているからです。

本気で幸せになるためには、いつでもどの瞬間でも、幸せに意識をフォーカスできるようにすることが何より大切です。自分の意識を変えていくことで、引き寄せることができるのです。ぜひあなたにもこの7つのワークを習慣にして、幸せになっていただきたいと思います。

①嬉しいことを書き出そう

ツインレイとうまくいくには、小さな奇跡を見つけて、喜べる感性がとても大切です。ツインレイの二人がお互いに意識し、愛し合い、エネルギーが循環すればするほど、シンクロニシティや奇跡がありえないぐらい起き始めます。メイとナツキも、再会してからありえない奇跡の連続を体験し、「この体験を忘れたくない！」という思いから、ブログをスタートしました。それから奇跡体験や、嬉しかったこと、切なかったことをブログに書いていたのですが、アウトプットしたあと宇宙からの応援のような奇跡を感じ、二人の関係性は信じられないほどうまくいくようになったのです。

あなたの体験はすべて、奇跡の連続のなかに起きています。その小さな奇跡に気づ

くクセをつけるのが、ツインレイとうまくいくマインド作りの第一歩となっていきますよ。あなたのお気に入りのノートを一冊用意して、嬉しいことがあればこまめに書き留めておくようにしましょう。

②口グセを意識しよう

自分で口にする言葉というのは、自分に一番影響を与える言葉でもあります。だから、普段から無意識に「最悪」とか「ツイてない」「損した」など、ネガティブなキーワードを使えば使うほど、知らぬ間に自分に暗示をかけてしまうことになってしまうのです。ツインレイとうまくいくマインドを作りたいあなたは、無意識に使っている言葉に意識を向けていきましょう。

代わりになるのは、感謝を表す言葉がいいでしょう。また、メイは起きた現象がネガティブな状況の場合、その後起きることにワクワクするようにします。この世は陰と陽のバランスでできていますから、ネガティブなことが起きた後は、ポジティブな流れが来ることが多いのです。物事が起きると、良いか、悪いかの判断ではなく、「おっ、人生が動き始めたなぁ！」とか「このあと、どういう流れになるかな？」と、客観的に見るようにしています。あとは「もっと大変なことにならなくてよかったね」とポジティブな面を見つけて感謝しています。

どんな面にも必ずポジティブな面が隠れています。ぜひ、光を見つける名人になって、気づいたことを発言していけるようにしましょう。思わずネガティブな言葉が出てしまった時は、感謝の言葉を付け足すようにしましょう。

③思考に空白の時間を与えよう

さまざまな情報が向こうからやってくる今の時代、私たちの思考はいつも働いている状態になり、それが直感やインスピレーションを感じ取りにくくしていいます。わざわざ空白になる時間を作ることが必要ではないかと思うほど。空白の時間にこそ、直感やインスピレーションは降りてきやすいものです。メイがインスピレーションを受けやすいのは入浴中。例えば、これから答えを出さなきゃいけないことや、新しいイメージを作っていきたい時、入浴前に考えておきます。答えの欄だけ空白にしてゆっくり入浴しましょう。

この時は、入浴中に本を読んだり映画を見たりするのではなく、温かな湯船につかりながら水の感触を感じたり深呼吸をしていきましょう。あなたが心地よさを感じる入浴剤を入れてもいいでしょう。そうすると直感が降りてきやすくなり、いつでもツインレイとのインスピレーションを受け取りやすくなるのです。

④食事のあとの体の声を聞く

「美味しそう！」「食べたい！」その感覚で食べてしまったあと、胃が重くなったり、苦しくなったりしたことはありませんか？　それも大切な体からのメッセージです。その声をちゃんと受け止めてあげることが、本来の人間的感覚を呼び起こしていきます。

体で感じたことを受け止め、行動に移す、という、とてもシンプルなことがツインレイとの関係性にはとても大切なこと。食べ物を口に入れる前から私たちはさまざまな感覚が動き出します。それは食べても大丈夫なものか、命に関わるものではないか、キャッチしているからです。あなたの思考だけではなく、体も「美味しい！」と感じるものを摂り入れていきましょう。食事ご

とに体の声を聞くということを、ぜひやってみてくださいね。

⑤神社仏閣のお賽銭をお札にしよう

ナツキと一緒になって、ツインレイのお仕事をさせていただくようになってから、メイはお賽銭をお札で入れるようになりました。それからはシンクロニシティや奇跡が連発して起きるように。宇宙からの循環は自分が与えた分だけ還ってきますから、お賽銭を出した分だけ、還ってくるのは当然なことだと気づきました。

そしてツインレイは宇宙や神様の次元の魂のご縁でもありますから、あなたのツインレイを応援してくれる神様チームに投資するような気持ちでお賽銭を入れてみましょう。メイの体感では、お賽銭を入れた

額の3倍〜10倍ぐらいのものが還ってきているような体感があります。ある時、勇気を出して1万円のお賽銭を入れたのですが、その3ヶ月後にずっと売れ残っていたメイが描いた絵画が一気に10枚ぐらい売れたことがありました。

ツインレイはありえない奇跡を起こすことが可能です。そのありえない奇跡を二人で体験することが結びつきをさらに強化します。

あなたのできる額で大丈夫ですので、ぜひやってみてくださいね。きっと不思議なシンクロニシティが起きたり、神様の応援だと感じることが増えてくると思いますよ。ポイントはあなたが好きと感じる神社にしましょう。選ぶときも直感を使ってくださいね。

⑥ご先祖様への感謝を日常に

ツインレイに出会っている方のエネルギーを拝見していると、家系のエネルギーもお互い似ていることがあります。

メイもナツキと再会して再婚した際に、ナツキの家系に入らせていただいた時、とてもしっくりくる気持ちがありました。メイが離婚をする時、自分の家系と、元旦那さんの家系の墓前で離婚することを心の中で伝えていました。生きている人よりも先に、見えない世界の方々に離婚する旨を伝えていたのです。その数ヶ月後、ナツキの家系の墓前に行くことがあり「家系に入らせてほしいから助けてもらえませんか」、とお願いをしたところ、その日の夜に離婚に関する前向きなインスピレーションを受け取りました。ツインレイに関してはご先祖様にお願いするのがとても良い感覚があります。

私たちが今、この地球で生きていられるのは、ご先祖様が命をつないでくださったからこそ。そのことにまず感謝を伝えていきましょう。あなたがツインレイとのステップを歩んでいることも、すべて見てくださっています。ツインレイは魂の世界で

の関係性でもありますから、ご先祖様への感謝を先にしておくことはとても重要です。ぜひやってみてくださいね。

ただし、お相手の家系の墓前に行くのは関係性ができてから。お相手に連れて行ってもらい、ご先祖様にあなたを紹介してもらいましょう。

⑦人に合わせている時は徳積みさせてもらったと感謝しよう

自分の想いとは裏腹に、誰かの言うことを聞いてしまったり、言いなりになってしまったり、仕事や家庭でも自分にとって理不尽な体験をされている方はとても多いのではないでしょうか。

頭でわかっていても、自分の意見が言えなくて悩んでしまったり、自分を出せない自分を責めたり、また逆に相手を責めたりという気持ちがどんどん湧いてきますよね。解決策が見出せなくて、結果、その人から離れるという決断をすることもあるでしょう。でもまた違う職場でも同じようなタイプに会ってしまったり、エンドレスに続いていくこともあります。

メイは相手のことを優先してあげた時は、「徳積みしたなぁ！」と思うことにしています。決して自分をなくしているわけではなく、相手に合わせてあげたことが自分にとっての喜びという位置づけにしたのですね。きっと違うかたちで戻ってくる、そう信じて、合わせてあげるようにしています。

せっかく、相手に合わせてあげているのに「損をした！」と思ってしまっては、自分に「損をしている」という暗示をかけてしまい、また損をした気持ちになるような場面に遭遇することがとても多くなります。それではとてももったいないですよね。

せっかくのあなたの素晴らしい行為を、ちゃんとあなたが認めてあげること。そして必ず循環して還ってくることを信頼しましょう。

「徳を積んだ！」と思うクセがつくと、ど

んどん得をする体験が起きてきます。この世には損をするということはありません。すべて徳積みであると認識していきましょう。

宇宙の循環はとてもシンプルです。「損をした！」「ツイてない！」と思う時は「徳を積んだ！」に変換していきましょう。あなたの出したエネルギーは必ずあなたのもとに還ってきますよ。

第3章

ツインレイ お悩み相談室

ツインレイお悩み相談室

この章では、これまでメイとナツキに寄せられた数々のツインレイについてのご相談のいくつかをご紹介します。状況は皆さんそれぞれに違いますが、前向きに考えるきっかけになれればと思いますので、ぜひ参考にしてみてくださいね。

Q

お相手は既婚者です。一緒になりたいと二人で話していますが、なかなか離婚してくれません。こんな時はどうしたらいいですか?

A

メイもそうでしたが、結婚しているパートナーがいるのに、ツインレイと出会ってしまった場合、正直とても悩みます。メイも、心の中ではナツキと一緒になりたいと強く思っていても、現実を動かすには半年以上の時間が必要でした。

ツインレイだという「感覚」は確かなのに、現実問題として目の前に見える婚姻関係の存在感は強烈なもの。それを動かす判断は簡単にはできないのもわかります。でも、お相手が動くのを待っている側のあなたは、もどかしくてとてもつらい状況ですよね。

こんな時、「何をやったらいいのか」と現実に対応することを考えてしまいがちです。しかしツインレイは魂の、つまり宇宙的なパートナーシップですから、三次元的ではなく宇宙的な方法で解決してもいいと思います。まずは宇宙に問題を預けて、今あなたが実際に関わっている目の前のことに取り組みましょう。

メイは先が見えなかった時、とりあえず現実世界の行動は起さずに、「ナツキと一緒になる。離婚を必ずする」ということを心の中で決めました。また新月のお願い事にも書いて読み上げました。自分の潜在意識の中に落とし込むということをしたのです。あとは宇宙にお任せしました。

Q 気になる人がツインレイかどうか確かめたいのですが、どうしたらわかりますか？　ツインレイならちゃんと向き合っていきたいと思うのですが……。

A 確かめたい気持ちすご～くわかります。「あの人？」「それともこの人？」と迷うのはもう終わりにして、最短ルートでツインレイに出会いたいですよね。

「ツインレイじゃない人に無駄な時間をかけたくない」、そう思う方もたくさんいらっしゃるでしょう。

でも実は、これらの言葉のまま考えていると、ツインレイのエネルギーとは真逆のエネルギーになってしまいます。

どういうことかと言うと、

「ツインレイなら向き合いたい」

という考えは、打算的で三次元的なエネルギーになってしまうからです。

実際に、今あなたはお相手のことが気になっているのに、もしツインレイじゃないとわかってしまったら、あなたはお相手への気持ちを失うのでしょうか？

そうではないですよね。一度気になった人を忘れるにはかなりの時間が必要です。最終的にその人がツインレイじゃなかったとしても、あなたが今、お相手が好きだという自分の純粋な気持ちに従うことが、実はツインレイへの近道でもあるのです。

それはどういうことか、もう少し説明しますね。

ツインレイについての道標は必ずあなたの中にありますから、あなたの心の奥から求めることに従っていかないと、ツインレイへとたどり着けないのです。つまり、いつでもあなたの気持ちが最優先なのです。

なので、本当にツインレイかどうか、というのはあとのお楽しみにとっておいて、今はその気になる方への恋心を楽しんでみてはいかがでしょうか。

あなたの感覚を何よりも大事にしてくださいね。

Q LINEの行き違いから、相手と連絡が途絶えてサイレントになってしまいました。また連絡できるようになるでしょうか。

A さっきまで連絡できていたのに、ついつい感情をあふれさせてしまい、それから連絡が来なくなってしまった、というお話をよく伺います。せっかく仲が良かったのにと、悔やむ思いで一杯になりますよね。時間よ巻き戻って……と願う気持ち、よくわかります。

ここで大事なのは、すぐに「サイレントに入った」と思うことを止めてみましょう、ということ。

連絡が途絶えたのは一時的なものかもしれません。もしかするとお相手はあなたにどう返信しようか迷い、または受け止めきれなくて、止まっているだけということもあります。

ですので、あなたは少し時間を置いてから、一言「先日はごめんね」とだけ入れて、あとは全く違う話題で連絡を入れてみてください。意外とするっと返事が来たりします。

その時は、自分の「私の想いをわかってほしい」という思いはいったん手放して、まずはお相手の思いを聞く側にまわりましょう。感情的なことで終わったかのように見える静けさは、必ず落ち着いてきます。また時間が経てば、忘れていることもあります。

そしてどんな反応でも、自分の人生は必ず良い方向に向かっていると信じることです。そうすると、ある拍子に連絡が来るかもしれませんよ。

Q

ツインレイと一緒になったのですが、ケンカが絶えない日々です。お互い好きな気持ちは変わらないのですが、キツイと思うことのほうが多いです。どうしたらいいですか。

A

この地球でやっとお互い会うことができて、せっかく一緒になれたのに、ケンカばかりはつらいですよね。「最高の幸せと喜びを感じられると思ったら、ぶつかることが増えてしまった」という話はよく聞きますし、メイとナツキも体験しました。なぜこうなってしまうのでしょうか。

それは、お互い全く異なる環境で生まれ育ってきた人間だからです。

魂は双子のように似ているのに、人間として生まれてしまった以上、それぞれの家族からの影響や、ご家系からのDNA、生まれ育った土地のエネルギー、そして環境の変化等々……ツインレイと言えども、肉体には相反するエネルギーもたくさん存在しています。

「私はこれが当たり前と思って生きてきたの！」

「どうしてそうじゃないの？」

そう言われても、お相手も長年別の概念のなかで生きてきたのですから、ぶつかるのは当然なのです。

さらに言えば、ツインレイだからこそぶつかる、とも言えます。

ツインレイじゃないパートナーの場合であれば、ぶつかるのを避けても、関係は続けられます。

「目をつぶって見なかったことにしよう」

「わかってもらえなくてもしょうがない」

と諦められたかもしれません。

しかし、ツインレイは、本当の自分自身に戻る道でもありますから、隠しごとが一切できない相手でもあります。だからこそ感情的になってでも、自分の内側のことを全部出したくなってしまうのです。

ここで大切にしていただきたいのは、お互いの思いの根源は「一つ」であることに気づくことです。たとえ話が食い違っていたとしても、お互いに「良くなりたい」と思ってケンカしているはず。そんな視点ができると、ふと相手を受け入れ、許したくなります。

あなたが変わるとお相手も変わります。そう意識してみてくださいね。

Q **今世ツインレイと思うような人に会えませんでした。こんな私でも、これからツインレイに出会えるでしょうか。**

A まずは、もちろんです！　とお伝えします。メイもナツキに再会する直前まで、「私はツインレイと感じられるような人に会っていない」と思っていました。そんなおとぎ話のようなことが自分自身に起きることを信じていなかったのです。

しかし、ナツキに再会して、ツインレイと気がついた瞬間「本当にツインレイって存在するんだ！」とやっと確信できたんですね。なので、出会っていない、気づいていないあなたが、不安になるのは当然のことです。

メイはナツキとツインレイとして再会し、一緒に歩み始めた時、「本当に満たされた世界は存在するんだ」ということを初めて確信しました。それまでは、自分のことを全部理解してくれるパートナーなんているはずないとずっと思っていたのです。特にスピリチュアルに目覚め、宇宙語を話し、個性を発揮し始めたら、孤独感も感じるようになっていました。

でもナツキと一緒になったら、メイ以上に、ナツキが宇宙語のことを大切に思ってくれたり、スピリチュアルなメイを尊重してくれるようになり、それが本当に嬉しいと感じることでした。ツインレイって本当に素晴らしいなと感動しましたし、生きていて良かったと心から思いました。

あなたが、人生に何か足りない気がして、寂しい思いをしていらっしゃるのなら、それはツインレイにこれから出会える証拠だと思っています。満たされないあなたは、これから必ず満たされる世界に向かうのです。

だから、必ず私は幸せになる、ということを信じてくださいね。あなたの人生の主導権はあなたにあります。あなたがツインレイに会えると思えば必ず会える人生が用意されるはずです。その日を楽しみにしていてくださいね。

Q 連絡も取れない、完全に離れてしまった状態のツインレイと一緒になれますか？

A まずは、自分の想いを明確にしてツインレイと一緒になりたいと希望をもちましょう。そして、それを決心したら、あとはお相手のことはいったん置いておいて、自分への解像度を深めていきましょう。

具体的には、こんなふうにです。

「私は小さい頃、大人になったら何になりたいと思っていたかな？」

「どういう人生を歩みたいと思い描いていたかな？」

「すごく欲しかったけど、状況が許さなくて手に入れられなかったものはなかったかな？」

このような感じで、自分に問いかけてみてください。

昔、諦めたこと、我慢したこと、行きたかった場所、体験したかったこと。今のあなたで叶えられることを叶えて、自分を満たしてあげてください。

この取り組みは、ツインレイという大切なもう一人の自分と、すぐ近くにいられないことで感じている不足感を埋めていく目的があります。

「そんなことで埋められるの？」と思うかもしれませんが、思った以上の効果を得られると思います。ぜひ試してみてください。

Q **「経済的自立」をしていないとツインレイには出会えないと聞きました。本当でしょうか。**

A 結論から言うと「そういうパターンもあると思うし、経済的に自立しておくに越したことはないけれど、必ずしもそうではない」です。人によってタイプが違うので、経済的自立を目指してうまくいく方と、逆方向に向かう方も存在します。

ただ、これはあくまでも「しなければいけないわけではない」ということ。

自分の心の奥底から、独立したい想いがあって、ワクワクして取り組んでいる場合には、ぜひどんどん進めたらいいと思います。ただ、「しなければ」という強迫観念に近い状態で目指すのは、完全に本末転倒だとお伝えしておきます。

ツインレイのパートナーシップにおいて何よりも大切なのは、精神的な自立です。自分の人生に責任を持ち、自分で決めて行動しなければならないからです。何が真実か、あなたが一番よく知っているはず。ツインレイのプロセスで重要なのは、あなたがあなたを信じて歩み始めることです。

「誰かがこう言ってたから」「ツインレイとはこういうものだから」という思考で動くのではなく、まずは自分の心に聞いてみること、そして魂の声に従うこと、いつでもそれを指針にすることが大切です。

第4章

宇宙の応援をもらって
ツインレイと幸せになる

ツインレイに隠された神秘の力

メイが今のように宇宙の流れをキャッチするようになってから、なおのこと強く感じているのが、ツインレイに隠された神秘の力。それはさまざまな物事に対して、**ツインレイの二人で取り組もうとすると、AでもBでもないCという展開が必ず浮かび上がってくる**という不思議な現象を引き起こすエネルギーです。

パートナーと一緒に意見を出し合っていくなかで、自分のなかにもお相手のなかにもなかった全く新しいアイデアが生み出されるパターンもあれば、衝突しながらも互いに意見を出し合って二人の進む道筋などを整えていると、外部から思いもよらなかった提案をいただくようなパターンもあります。

とにかく一人では成し得なかったことが二人でいると次々に起こるので、偶然とはとても言いがたく、やはりそれはツインレイがもつ不思議なパワーなのだと思わされます。

ここで、メイがつながる宇宙存在「ＳＡＲＡ」からの宇宙語メッセージをお伝えしますね。

………………

ツインレイはすべてを生み出す力です。
あなた一人でできなかったことでも
二人のエネルギーが
重なっていくことによって
想像もしなかった未来を作ることができます。
今までこの星で
まだ生まれていないものを作り出す可能性があります。
あなたの魂が求めていた

道だからこそ作られていきます。
あなたがこの星に来た時
無限の力をもっていることを知って生まれています。
この地球の状況もすべて
わかって生まれてきています。
そしてこの星で発揮することも知っているのです。
あなたがあなたの力を信じていくこと
ツインレイの力を信じていくこと
まだまだ無限の力が隠されていること

究極の錬金術です
無から生み出す力
引き寄せる力
私たちが本来もっている素晴らしいパワーが

二人の間に生まれ始めます。

二人のエネルギーが重なっていくというのが大きなポイントです。

ツインレイは新たなエネルギーをどんどん作り始めます。

あなたのエネルギーを発動させていけばいくほどツインレイのエネルギーとさらに交流し始めるでしょう。


………………


ＳＡＲＡが伝えてくれた究極の錬金術。ツインレイの二人がそろわないとできないように思いますが、実はまず一人で行う方法があるのです。

それは次の項でご説明しますね。

私の矛盾が奇跡を起こす

ツインレイのプロセスを歩む中で、矛盾を感じることがあります。例えば既婚者の場合、ツインレイのお相手も大切だけれど、今のパートナーが嫌いなわけではなく家族も大切なのに……というご相談をよく伺います。

逆のパターンもあります。お相手が既婚者で、お互いツインレイだと認識しているのに、なかなか離婚をしてくれなくてヤキモキしている方も。いくらツインレイだからといって、それまで人生を共に歩んできた家族をバサッと切り捨てられないのが、**私たち人間の性**なのかもしれません。

またある時は、ツインレイのお相手とは別にもう一人好きな人がいて、決められません、なんていうご相談も。

そんな時は、「無理にどちらかに決めようとしないでください」とお伝えしています。どちらかにしなくてはと思うのは、「正解を出さなきゃいけない」「矛盾していることはよくない」と思い込みすぎているから。

決めようとすればするほど、その状況から逃げたくなるだけです。

自分のなかの矛盾をそのまま自分のなかに存在させてあげることが、とっても大切なこと。

本当ならすぐにでも手放して、すっきりさせたい、そう思うと思いますが、その矛盾が大切な錬金術の種になります。

前項でも書きましたが、矛盾しているモヤモヤを抱えている期間とは、自分を成長させてくれる大切な期間です。そして、矛盾というのはプラスとマイナス、真逆のエネルギーが引き合っているようなイメージですよね。自分の中で綱引きをしている矛盾を放置して、結論を出さないとします。そうすると、ある瞬間に中心に力が生まれるのです。これこそが錬金術で、直感がやってきたり、奇跡が起きたりしやすくなります。

化学的なことにあまり詳しくないのですが、電位差があるところにスパーク（雷など）が起きるのに似ていると思っています。

メイはナツキとツインレイとして再会した時、離婚をするタイミングを宇宙に預けました。すぐに行動することもできたけど、それは何か違うような気がしたのです。しかし、既婚者のまま生活を続け、ナツキともつながることは矛盾していると思ってもいましたし、ナツキにも当時の夫にも申し訳ない気持ちにもなりました。でもあえてその状態のまま、目立った行動を取らずに、宇宙からのサインを待ち続けたのです。そうするとある日突然、メイに離婚の手順という直感が降りてきました。

あなたやお相手のなかにある矛盾は、これから奇跡を起こす種でもあります。**今決められないことは、決めないほうがすごい答えが降りてくる可能性がある**のです。ですから、あなたの矛盾をあなたが一番理解し、存在を許してあげてください。きっと、素晴らしい奇跡が舞い降りると思いますよ。

魂が本当に得たいものにつながる

本書では宇宙のナビゲーションシステムについて度々触れていますが、実は目的地を設定した時点で、自分と目的地とのあいだにはすでに接点が生まれています。自分と目的地とはすでにつながっていて、通るルートを決めてくれるのがナビの役割なのです。

だから**無性に心惹かれるものや興味をそそられるもの、なぜかわからないけど知りたいと思うもの**に関しては、つながりのある目的地から「そっちに進む必要があるよ」と呼ばれているんだと解釈して、トライしましょう。ほかにも人からの頼まれごとも、あなたの魂が求めていることでもあります。

魂が引き寄せられる方向に従った結果、気づけば目的地までのショートカットする道のりになるかもしれないし、場合によっては目的地だと思っていたところを大幅に超えて、もっと素晴らしい予期せぬところに連れて行ってもらえるかも。

どんな方向に進んでも、それは宇宙と魂が合意した結果起きています。

ですから、もしもそれが、あなたが「失敗したな」と思うことであったとしても、宇宙的にはＯＫ！　ということです。


失敗する時というのは、ほかのことで成功する必要があるからです。

そのあともチャンスはまだまだ何度でもやってきますので、

「次には何がくるかなあ」

とワクワクしていていいのですよ。

ツインレイ手相鑑定をしてみよう

ここでは、ツインレイを手相で確認する方法を伝授させていただきます。これはメイが発見したツインレイ手相鑑定なので、通常の手相鑑定とは異なるところがあることをご了承くださいね。

ツインレイ手相鑑定では、自分の両手を見るだけでわかります。具体的には、

・右手が自分
・左手がお相手

を表しています。

自分とお相手の手相がわかったところで、両手の手相を見比べてみましょう。

どちらの手のシワが印象的ですか？
シワの濃さの差はありますか？
シワが多いのはどちらの手ですか？
手相の雰囲気は似ていますか？　それとも違っていますか？
どちらのほうが力強く見えますか？

両手の手相を見比べていくことで、今のあなたの状況とお相手の状況が見えてきます。いくつかパターンを書きますので参考にしてくださいね。

パターンA　自分の手相の線が薄くて、お相手の手相の線がはっきり見える

お相手は自分の目標に向かって人生を進んでいますが、あなたはまだ自分の人生に迷いがあるかもしれません。

お相手は鏡です。お相手のように、あなたも思い切り人生を自分らしく動かしていくことができます。お相手を感じながらあなた自身の可能性を感じていきましょう。

関係性が前進するポイントは、今まで怖くてやっていなかったことにチャレンジすること。そうすればぐっとお相手との距離が近くなります。

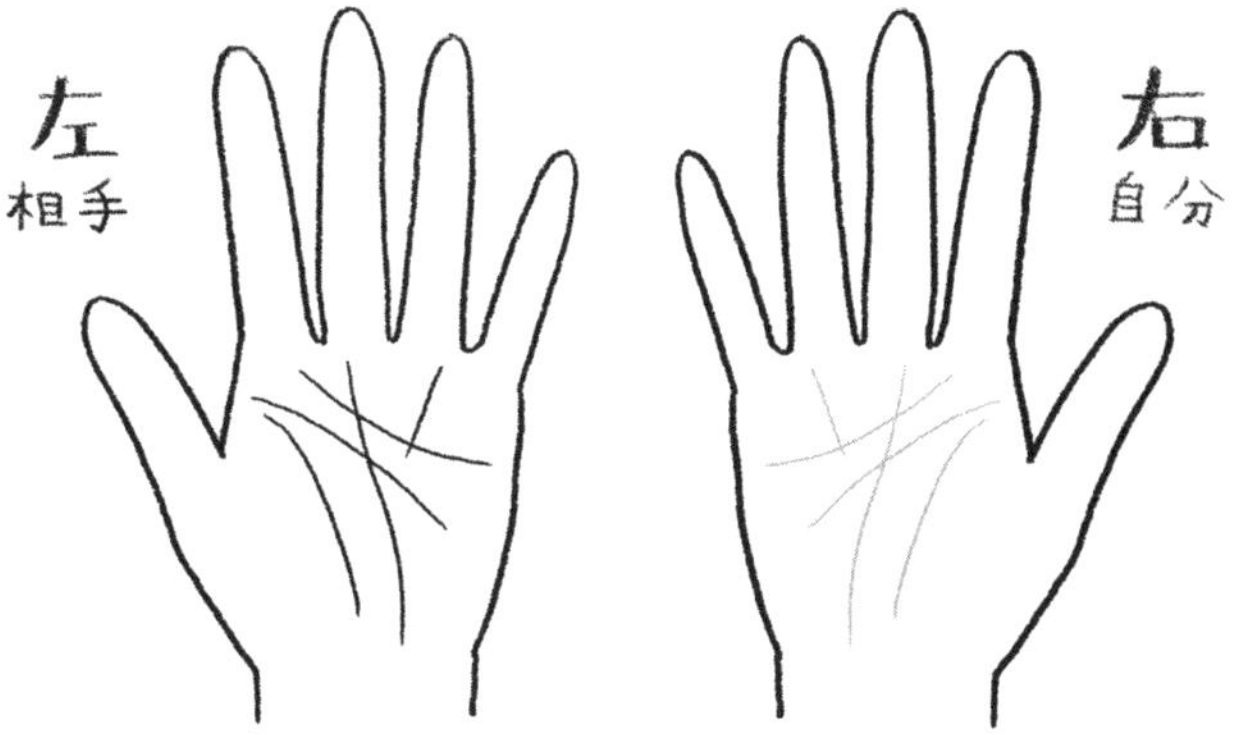

パターンA

お相手の人生が進んでいるのは、怖いことにたくさんチャレンジしてきた証拠。あなたもお相手と同じ体験をしながら、自分の人生を動かしエネルギーを高めていきましょう。

パターンB　自分の手相が濃くて、お相手の手相が薄い

あなたはずいぶんご自身で頑張ってこられた努力の方。自分の人生の目標が見えてきて、どんどん前進したい気持ちにあふれています。素晴らしいです！

一方お相手はまだ決断ができていないか、頭で考えすぎて迷いが出ている状態かも

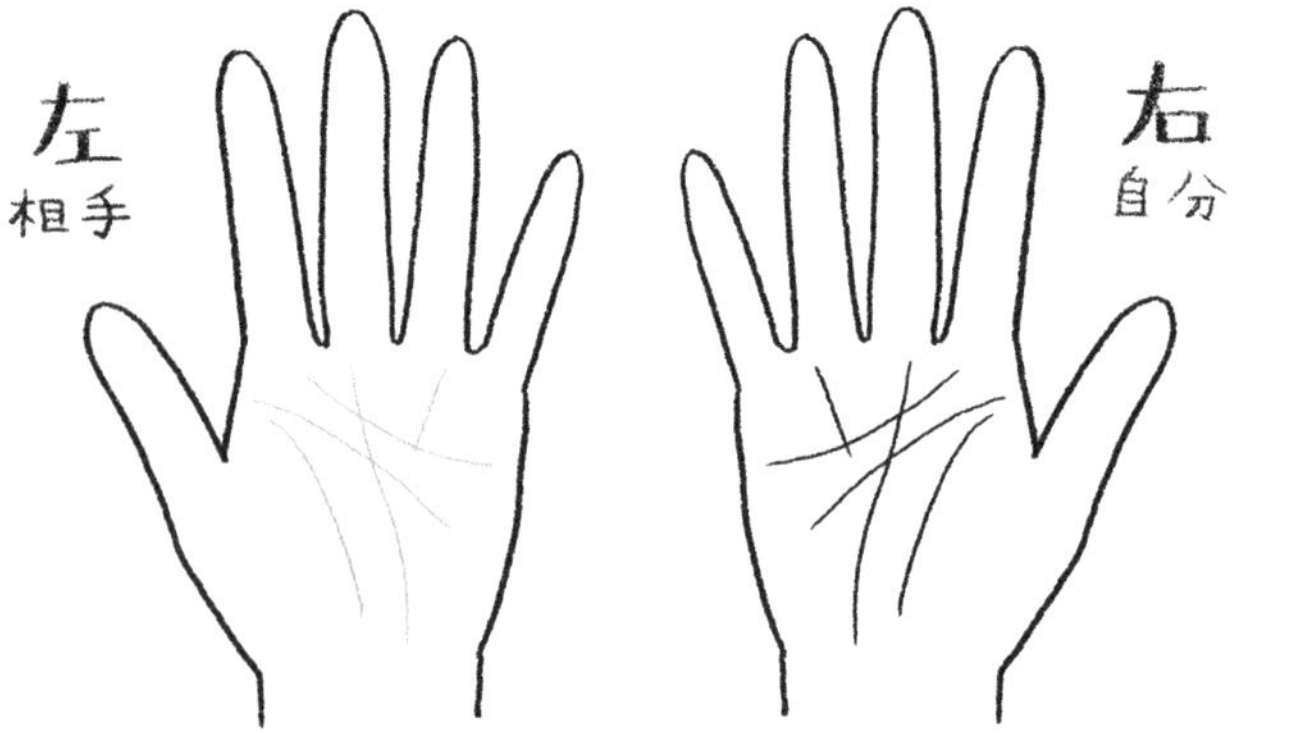

パターンB

しれません。

あなたから見たお相手は、ちょっと頼りなさそうに見えてしまうかも？　でも大丈夫。今はそういう時期というだけのこと。ツインレイは自然にバランスが取れてくる相手です。今の時期を経て、次第にあなたのエネルギーに近づいてきます。信じて時間をかけてあげることが大切です。

すでにお互いにツインレイだと気がついている方で、一緒に進んでいるのであれば、時折お相手に寄り添い、励ましてあげましょう。お相手にはあなたのサポートが何より嬉しいと思いますよ。

パターンC　両手の手相の濃さなどが、ほぼ同じように見える場合

お互いのエネルギーがずいぶん近くなってきています。もう間もなく統合できるというサインです。素晴らしいです。

ツインレイと統合するのは天からのギフト。あなたが今まで人生でさまざまなことを頑張ってこられた証拠です。嬉しい気持ちを心の中で循環させ、手相をより愛おしく見つめてあげましょう。

そしてあなたが頑張ってこられたということは、お相手も同じぐらい頑張られたということです。素晴らしいツインレイカップルだと思います。

もしまだお相手の気配を感じない方は、このままあなたの直感に従って行動を続けていきましょう。できるだけ人に会う場所に行かれることをおすすめします。突然出会う／再会する可能性大です。


いかがですか？　ツインレイ手相鑑定の簡単なチェック方法をお伝えさせていただきました。ツインレイのお相手の情

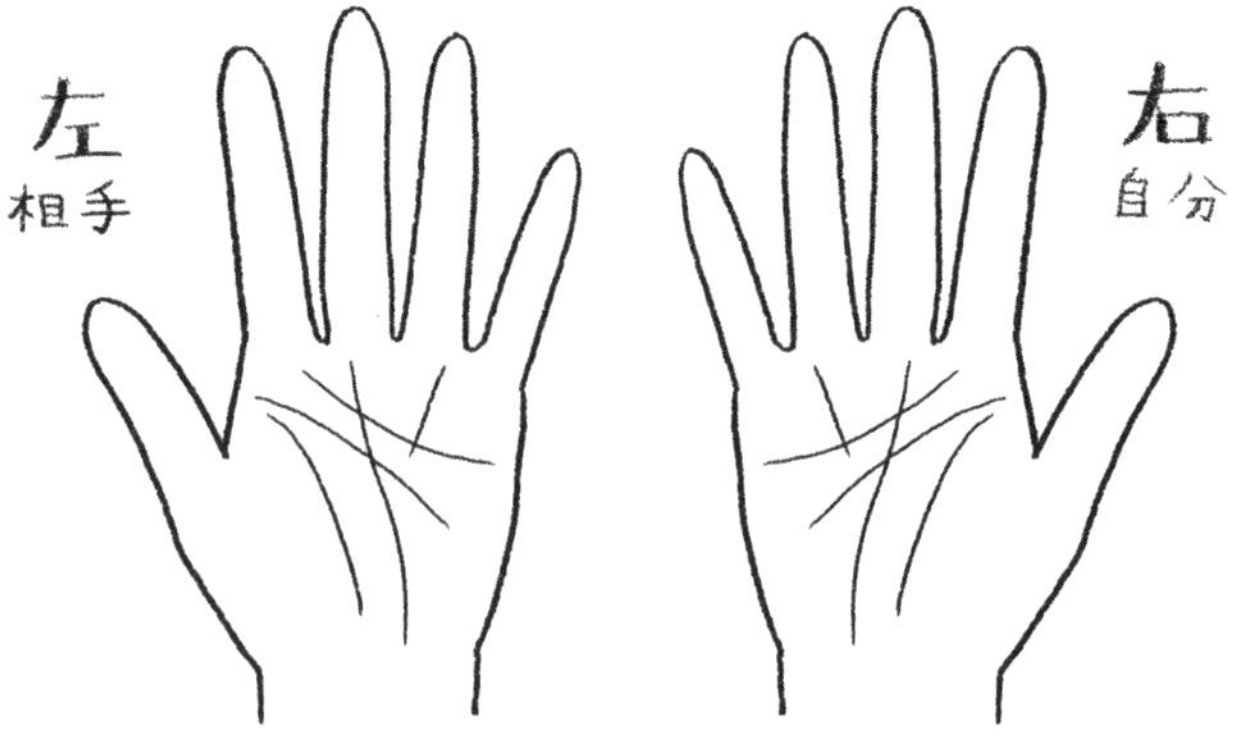

パターンC

報が手のひらにあると思うと、自分の体がさらに愛おしくなりますよね。

ちなみに、メイが先日ある方をツインレイ手相鑑定をし、Ｃの相が出ていたのでそのことをお伝えしたところ、そのすぐあとにツインレイと出会ったと興奮気味にご報告してくださいました。その方は両手が本当にそっくりで、すんなりとうまくいきそうな雰囲気を手からありありと感じていました。

ほかにも、ツインレイ手相鑑定を受けた翌日、５年間サイレントだったお相手と偶然新幹線で同じ車両になり、久しぶりに会話をすることができたと喜びのご報告をしてくださった方もいます。

このように、奇跡が相次ぐツインレイ手相鑑定には、何か宇宙の力が介入しているのかもしれません。

ここでは誰でもすぐに見られる簡単な方法をご紹介しましたが、メイが実際に鑑定する際は手相を参考にしながら同時にリーディングもしていきますので、さらに細かく鑑定しております。

ツインレイ手相鑑定をしていて不思議なのが、鑑定している最中に、手相がいきいきと蘇ってくることです。それまで血色が悪かった方も、手相を拝見しながら、お相手のお話などしていると、どんどん手相が浮き上がってくることがあります。自分のなかに遠い存在だと思っていたツインレイの情報が自分の手に表れていると感じることは、あなたのなかに隠れたツインレイとつながっている記憶が蘇ってくるのではと感じています。なかには鑑定中に両手から金粉があふれだし、手相が輝いてくることがあります。これは天からの祝福のサイン。奇跡が起こることを教えてくれています。

あなたの手にも、ご自身とお相手の情報が必ず入っています。ツインレイ手相鑑定はすべての方にツインレイが存在する証だと思っています。

ぜひ、ご自身の手のひらを感じて、眺めてあげてください。あなたとお相手の手相のエネルギーがいきいきし始めますよ。

満月のツインレイ統合ワーク

ツインレイ手相鑑定をＹｏｕＴｕｂｅでライブ配信でお伝えした日はちょうど満月だったので、満月を使ったツインレイ統合ワークをしました。

満月を感じながら、ワークはチャネリングで降りてきたまま、宇宙語で誘導しつつ行ったのですが、「手が痺れました」「手を合わせたら彼の手を感じました」「涙が止まらなくて嗚咽するほど泣きました」など、たくさんのコメントをいただきました。なかには「ツインレイかなと思っている彼からＬＩＮＥがきました！」とのご報告もあり、私たちもびっくり！

あなたはすでに手相でお相手を感じていますから、このワークでよりツインレイを体験することができます。

満月の日に行うとさらにパワフルです。お相手のことで心が折れそうになったり、悲しい出来事があった時にもぜひやってみてくださいね。

満月のツインレイ統合ワーク

まず手と手を合わせて胸の前で合掌し、大きく深呼吸をしていきます。

右手があなた、左手がお相手です。お互いの手の温もりを感じてください。

息を吐く時には両手のひらにエネルギーを込めていきます。

私たちはもともと手が合わさっているように一つの存在でした。

手のひらに、あたたかさや密着度を感じるのはツインレイだからこそ感じられる温もりです。

この両手の温かさを感じながらさらに呼吸を繰り返していきます。

ツインレイの二人はこの地球に降りてくる時は二つの魂に分かれていました。

さあ、手をどんどん離して手と手のあいだに隙間を作っていきます。


イメージのなかであなたの手のあいだに満月を入れてください。

そして息を吸うときは満月からエネルギーをいただき、息を吐く時は手を通って満月にエネルギーが入っていくようにイメージしていきます。

あなたの手の中心に満月があるのを意識しながら、息を吐くごとに手の距離を近づけていきます。


お月様は両手と重なり始め、光と手が一体になってくるのを感じてください。

手を重ねる時は、指を組んでいきましょう。

息を吐く時に光を含んだ両手のひらにエネルギーを入れていきます。


もともとは一つだった二人はこの地球で別々にすごし、今までよりもさらなる統合を目指してこの星で一つになろうとしています。

手のひらから伝わる温もりを感じながら、指をつなげたまま手のひらを左右に広げ、肺のあたりに当て、温もりを感じてください。

そして誓いましょう。

「私は必ず今世、ツインレイとともに歩みます」

ツインレイのエネルギーとお月様のエネルギーがあなたのハートに温かく染み渡ります。

それでは大きく三回深呼吸をして、終わりにします。


あなたの両手の温もりはあなたに安心してほしいと伝えてくれています。それはあなたのツインレイは必ず存在するということを意味し、あなたのなかにツインレイのエネルギーが流れていることを教えてくれています。

私たちの手のひらには、思っている以上の情報があるようです。ぜひワークをしていただき、ツインレイのエネルギーを体感していきましょう。

ツインレイのシンクロニシティ

数え始めたらキリがないほど、メイとナツキのシンクロニシティはたくさんあります。そのシンクロニシティがどのような役割を果たしているのかなと考えてみると、まるで車輪のように私たち二人をどんどんツインレイの世界の深いところへと運んでくれるような感覚があるのです。

私たちが一番好きな映画『サウンド・オブ・ミュージック』は、アルプスの麓に暮らす家族のお話。私たちは今、八ヶ岳に居を構えて自然のなかで子育てをしながら暮らしています。

また私たちは二人とも、幼少期から宝物のように大切にしていた一冊があるくらい本が大好きでした。こうして書籍を執筆する機会をいただいて、改めて私たちの人生に本というキーワードが出てくるのだなと感じています。

相談者さんからよく聞く言葉に、

「お相手とのあいだにシンクロニシティのようなことがあったのですが、それが本物か偶然かわからなくて……信じていいんでしょうか」

というものがあります。相談者さん本人は信じたい気持ちはあるんだけれど、

「私はそういうことを起こすようなすごい人間ではないし……」という感覚と、誰かに共有した時に違うと否定されるかもしれない不安とが相まって相談にきてくださるわけですね。

でも、せっかく起きた奇跡を「気のせい」とか「ただの偶然」で済ませてしまうのはもったいないです。

あなたに起きたことはすべて事実、本当のこと。だから、あなたがキャッチした感覚こそ、自信をもって信じていいのです。もしも誰かに何かを言われたとしても、あなたが感じ取ったことがすべて正しいでいいのです。

宇宙からの応援をもらう方法

ツインレイとは、見えない世界におけるつなぎ合わせによって生まれる関係性です。だから、関係性を良くしていくために見えない世界を大事にしていくことが重要なのではないかと考えています。

よく、現実世界を良くするためにイメージングをしましょうと言われますよね。でも、その反対も必要だと感じているのです。反対というのは、イメージのなかの世界つまりは見えない世界をより良くしていくために**現実世界でアクションを起こす**というものです。

例えば、ご先祖さまが眠るお墓をきれいにして、手を合わせる。神社仏閣を訪れてお賽銭をあげてお祈りをする。いずれも三次元的アクションであると同時に、見えない世界を充実させるための行動です。

それから「徳を積む」とも言われていますが、誰とは言えないけれども誰かのためになることに対して労力をさくこともまた、宇宙からのリターン対象です。

メイは面倒なことや利益にならないことは「宇宙仕事」だと思ってやるようにします。宇宙は行動をした分について必ず報酬を支払ってくれます。この宇宙から支払われる報酬はあなたの手の届かないところで発揮されます。ツインレイとの関係を良くしたり、奇跡を起こしたりしてくれるのです。

そして宇宙からの応援を受けたら、ぜひ「こんな奇跡が起こったよ！」と周りにシェアしてみてください。ＳＮＳでも、身近な人に話すのでもいいです。

なぜかというと、自分が宇宙サイドの立場だったら……と考えたら、奇跡を与えても無反応に受け取るだけの人間と、奇跡を受け取った喜びを表現する人間とどちらを継続的に支援したいと思うでしょうか？

私だったら、完全に後者です。与えていただいたものへの感謝を伝えることもまた、見えない世界との連携になると信じているからです。

自分に出してあげる幸せの許可証

幸せじゃない時間を長く過ごしてしまうと、つい幸せにならないほうを選んでしまいがちというか、「私は幸せにはなれないんだ」「私なんかはこれくらいでいいんだ」という思考のクセが出やすくなってしまいます。

これは私たち自身のことでもあって、メイとナツキ二人とも互いに何度も「もう、私たちは幸せを選びとっていいんだよね」と確認しあってきました。

いろいろな経験を積み重ねていくなかで、心のなかに大きくあったはずの幸せを追い求める感情がどんどん小さく萎んでしまい、気づけば、

「これくらいが妥当だよね？」

といった落としどころを設定するようになってしまったように思います。

でも、どんな制限をかけているかなんて、その時その時になってみないとわからないんです。

いっそのこと自分自身にかけている制限をすべて一気に取っ払うという意味で、今ここで幸せの許可証を出してあげてはいかがでしょうか。

だってあなたはやっとの思いで地球に生まれてきた大切な命。あなたを幸せにできるのはあなたしかいないのです。だったらたくさん夢を叶えてあげてください。そうするとツインレイのお相手にも連動し、どんどん関係性が良くなります。

だから、欲しいと思うものは、欲しいと言っていいんです。

行きたいと思うところへ、自由に行っていいんです。

幸せが続くと怖くなって逃げたくなる人も、大丈夫。そのまま幸せを味わい続けてください。

あなたは幸せになっていい。

制限するものは、もう何もありませんよ。

ツインレイとして人類の進化を始めよう

ツインレイに関する発信を続けてきたなかで、たくさんの方々の実体験に触れて見解を深めたり、都度宇宙からのメッセージを降ろしたりしていくなかで、少しずつ見えてきたことがあります。

それは、「ツインレイ」という世界に入ってきた私たちは、すでに人類としての進化の道を歩み始めているということです。

何かや誰かに頼るのではなく、自分のツインレイを自分で決め、そして自ら一歩ずつ歩みを進めていく。

人としての本当の自立の道を歩んでいるのだと感じています。

ツインレイとは、魂の片割れです。片割れということは、お相手もまた自分自身だということです。

その視点でとらえていくと、ツインレイとの出会いはまだ見ぬ本当の自分と出会うための一つの通過点だと言えます。

ツインレイはどこまで関係が進んでも、ずっと自分と向き合わされているのみ。まるで鏡の世界に入ってしまったかのような気分にもなります。しかしこれこそが、私たち人類の真のチカラを目覚めさせる大切なポイントなのです。

もう学びの時代は終わりました。

これからはあなたの内なる声がすべてを導き、あなたとツインレイをしかるべきところへと連れて行ってくれるでしょう。

ですので、ツインレイとの出会いは人生のゴールではなく、本格的なスタートであるということ。

私たちは、本来二つで一つの光でした。それをここまでバラバラの状態でそれぞれに頑張って過ごしてきた。

ようやく再び出会い、あるべき姿を取り戻した歓びを胸に、二人がそろわなければ歩けなかった未来を歩き出せるところまできたわけですよね。

ということは、ここからがすべての始まりなのです。

本当の自分に近づいてより良い世界の扉をノックする時が、あなたにやっと巡ってきたのです。魂の望みを実現する時がいよいよ訪れます。宇宙由来の本来のあなたに戻り、ツインレイとともに幸せに歩んでいきましょう。

おわりに

宇宙一幸せなツインレイになるために

メイには宇宙の始まりの記憶があるのですが、そのなかで得た体感の一つとして、「私たちは宇宙でこれから起きることをすべてわかって、宇宙を始めている」というものがありました。私たちはすべてをわかっていながらも、魂としてではなく、人間として地球で暮らし、必要なことを達成しようとしているというイメージを受け取っています。

あえて、地球という場所で、人間というかたちをとって、ツインレイと出会った私たちはある意味ストイック（笑）。エネルギー体ならめちゃ楽なはずなのに、面倒なことを一からやろうとしているのですから、それだけ、エネルギー体だけでは達成できない醍醐味がこの地球にはあるのだろうなと感じています。

みんなが肉体をもちながら魂レベルの感覚で生きていけば、この地球の波動はどんどん上がっていくでしょうし、ツインレイの私たちも、地球とある意味連動して前進しているのかもしれません。

このように考えていくと、ツインレイとのあいだにいろいろなことが起きるのも納得がいきますよね。

本格的に風の時代に突入し、時代は大きく変わろうとしています。

よく「風の時代はどんな感じがしますか？」と質問されるのですが、「とっても生きやすくなったー！」という気持ちが一番。ツインレイと宇宙語を10年近く発信してきていますが、こんなに軽やかに伝わっていく時代がくるなんて幸せすぎるというのが心からの感想だし、そしていよいよ、魂レベルで生きる本番が来るのかもしれないとも思っています。

ツインレイの最小単位は二人ですが、統合した先はツインレイ同士がつながってさらに一つになっていくようなイメージがあります。ツインレイがツインレイを呼び、つながっていく現象もこの流れの一部なのではと思っています。

ツインレイと幸せになりたい、その想いの奥には、もともとは一つの光だった、ワンネスの思い【すべてを愛しているし、愛していきたい】に行き当たります。なので、「ツインレイだけを愛している」という次元から、「すべてを愛したい」という思いに拡大していくような気がしています。

メイがナツキとお店を始めたとき、決めたコンセプトが「関わる人すべてが幸せになるお店」でした。これはお客様も、仕入れ業者さんも、配達業者の方も、ご近所さんも、子どもたちも、もちろん私たちもすべてが幸せになる選択をしようと決めたのがスタートでした。その思いは今でも変わらず、YouTubeやイベントでも、私たちと関わることでみんなが幸せでいられるようにという願いがあります。

幸せはまずは自分から、でもありますが、誰かを幸せにすればするほど、本来私たちの核である魂が望んでいることだから、そこをベースに生きればすなわちツインレイも人生もとてもうまくいく、ということなのかなと思っています。

ツインレイというキーワードに出会い、お相手と再会し、ツインレイとの人生を歩もうと決めたあなたには、お二人の幸せを軸に、さらに周りの方々を幸せにしていくという使命も追加されます。とはいえむずかしく考えなくて大丈夫。ツインレイの二人が幸せになればなるほど、そのエネルギーは周りに拡散されて、気がつけば周りには幸せな人ばかり増えていくことになります。すごいでしょう。

ツインレイの幸せエネルギーって本当にすごいのです。

メイとナツキの目標は、生涯仲良く幸せな姿を、皆さんにお見せしていくことだと感じています。パートナーシップに絶望感を感じている方の、希望の光になれば嬉しいです。

最後にYouTube視聴者の皆さま、奇跡体験をシェアしてくださった皆さま、そしてツインレイ三ヶ月プログラムにご参加くださった皆さま、ありがとうございました！

これからも皆さんと一緒にこの地球で思い切りポジティブもネガティブも楽しんで、ツインレイの幸せ波動を地球全体に広めていきましょう！

メイとナツキ

メイとナツキ

長年の友人関係にあったが、ある日突然お互いがツインレイだと気づく。それと同時に人生が急激に動き始め、運命に導かれるまま数多の困難を乗り越えて夫婦となる。
現在は八ヶ岳にて理想の暮らしを実現しながら、妻・メイは無農薬のハーブやバラを育て、宇宙語を話すスピリチュアルカウンセラー「八ヶ岳の魔女メイ」として、元航空ジャーナリストの夫・ナツキは、幼少期から石と対話することができる力を使って野菜を選ぶスピリチュアル・フレンチシェフとして活動中。子育て、日々の暮らし、仕事、全て夫婦二人で行いながら、ツインレイとしての奇跡のような体験をYouTubeやブログ等で発信し、たくさんの人々のツインレイに関する悩みや疑問を解消している。著書に『運命の人は必ずいる ツインレイとの出逢い方』(KADOKAWA)、「八ヶ岳の魔女メイ」名義では『宇宙語で目覚める！』『VISION LESSON ―ヴィジョンレッスン― 未来のあなたに会いに行く CD&BOOK』(ヒカルランド)等がある。

YouTubeチャンネル：Twin flame Twin ray 9999
https://www.youtube.com/c/TwinflameTwinray9999 (2024年12月現在)

宇宙《うちゅう》からの応援《おうえん》で
ツインレイと幸《しあわ》せになる方法《ほうほう》

2024年12月18日　初版発行

著　者／メイとナツキ
発行者／山下　直久
発　行／株式会社KADOKAWA
〒102-8177　東京都千代田区富士見2-13-3
電話 0570-002-301(ナビダイヤル)
印刷所／大日本印刷株式会社
製本所／大日本印刷株式会社

●お問い合わせ
https://www.kadokawa.co.jp/ (「お問い合わせ」へお進みください)
※内容によっては、お答えできない場合があります。
※サポートは日本国内のみとさせていただきます。
※ Japanese text only

定価はカバーに表示してあります。

ISBN 978-4-04-607291-7 C0095